新时代引领下的大众健身理论探析与实践挖掘

周文龙 著

中国书籍出版社

图书在版编目(CIP)数据

新时代引领下的大众健身理论探析与实践挖掘 / 周文龙著. --北京：中国书籍出版社，2020.8
ISBN 978-7-5068-7978-1

Ⅰ. ①新… Ⅱ. ①周… Ⅲ. ①全民健身－研究 Ⅳ. ①G811.4

中国版本图书馆 CIP 数据核字(2020)第 169451 号

新时代引领下的大众健身理论探析与实践挖掘

周文龙　著

丛书策划	谭　鹏　武　斌
责任编辑	牛　超
责任印制	孙马飞　马　芝
封面设计	东方美迪
出版发行	中国书籍出版社
地　　址	北京市丰台区三路居路 97 号(邮编：100073)
电　　话	(010)52257143(总编室)　　(010)52257140(发行部)
电子邮箱	eo@chinabp.com.cn
经　　销	全国新华书店
印　　厂	三河市德贤弘印务有限公司
开　　本	710 毫米×1000 毫米　1/16
字　　数	290 千字
印　　张	17.5
版　　次	2022 年 7 月第 1 版
印　　次	2022 年 7 月第 1 次印刷
书　　号	ISBN 978-7-5068-7978-1
定　　价	84.00 元

版权所有　翻印必究

目 录

第一章　大众健身的基本理论探析 …………………………… 1
　　第一节　大众健身的概念与特征 ……………………………… 1
　　第二节　大众健身的分类与功能 ……………………………… 8
　　第三节　大众健身的规律与原则 ……………………………… 15

第二章　大众健身现状与发展策略探析 ……………………… 23
　　第一节　大众健身运动的开展现状 …………………………… 23
　　第二节　制约大众健身运动发展的因素分析 ………………… 33
　　第三节　大众健身运动的发展趋势与对策 …………………… 36

第三章　大众健身行为的理论与应用探析 …………………… 47
　　第一节　健康信念模型与应用 ………………………………… 47
　　第二节　计划行为理论与应用 ………………………………… 58
　　第三节　行为改变理论与应用 ………………………………… 63
　　第四节　社会认知理论与应用 ………………………………… 71

第四章　锻炼心理学视角下的大众健身行为探析 …………… 77
　　第一节　大众健身与认知 ……………………………………… 77
　　第二节　大众健身的动机激发 ………………………………… 94
　　第三节　大众健身的情绪效应 ………………………………… 98

第五章　大众健身科学发展的保障体系探析 ………………… 110
　　第一节　大众健身的科学理论与方法指导 …………………… 110
　　第二节　大众健身的医务监督 ………………………………… 119
　　第三节　大众健身效果的科学测评 …………………………… 129

第六章　社区常见健身器材活动实践挖掘　142
　　第一节　社区上肢健身器械实践指导　142
　　第二节　社区下肢健身器械实践指导　147
　　第三节　社区腰腹健身器械实践指导　154
　　第四节　社区综合健身器械实践指导　158

第七章　塑形类大众健身活动实践挖掘　167
　　第一节　健身操健身实践指导　167
　　第二节　形体训练健身实践指导　184
　　第三节　瑜伽健身实践指导　192

第八章　冰上大众健身活动实践挖掘　199
　　第一节　速度滑冰健身实践指导　199
　　第二节　花样滑冰健身实践指导　211
　　第三节　冰壶运动健身实践指导　217

第九章　雪上大众健身活动实践挖掘　232
　　第一节　单板滑雪健身实践指导　232
　　第二节　高山滑雪健身实践指导　251
　　第三节　越野滑雪健身实践指导　259

参考文献　270

第一章 大众健身的基本理论探析

大众健身活动具有简单易行、实用性强等特点,大众参与其中可以有效提升体质健康水平和心理健康水平,同时这也是丰富人们业余文化生活的重要方式。本章重点对大众健身的基本理论进行探析,以使更多人了解大众健身的功能与深远意义。

第一节 大众健身的概念与特征

一、大众健身的概念

大众健身,是指人们在可自由支配的时间里,凭借个人意愿参加的以身体活动为手段和以缓解压力、恢复体力、娱乐身心、调节情绪为目的的活动形式。大众健身拥有较为广泛和深远的意义,其重要形式在于始终围绕身体活动而来,归属健身范畴。另外,健身范畴中还包含其他的形式,如患病人士在患病之后及其在恢复过程中,通过身体活动的方式来达到恢复身体机能的活动;通过膳食营养的摄入调节身体健康水平;通过休闲娱乐活动等手段来提高身体健康水平等。如果对大众健身的概念采取狭义解释,即指那些具有系统性、固定性和安全有效性的身体练习手段,如慢走、慢跑、登山、骑自行车等具体的运动。

大众健身的出现与社会文明发展程度息息相关,其可以被看作社会文明发展到一定阶段所必然出现的现象,也被视作社会文明程度发展到较高水平的一种标志。社会生产力发展,提高了人们的物质生活水平,生产活动已经不再像过往那样依赖大量的劳动力。生产力的提高,增加的不仅是生产效率,还增加了人们的业余时间,这为大众体育的萌生提供了一项不可或缺的条件。现代社会已经进入到了高度发达的信息化时代,这个时代的到来引领我们走进了一个以能力创造和信息化为基础的经济社会,这些时代烙印注定会给人们的生产和生活带来天翻地覆的变化。马斯洛的需要层次理论揭示了人的需求类型和层次,认为只有当人的低层次需求得到满足后,才会开始追求更高层次的需求。生存需求与安全需求在整个需要层次当中属于较为低级的层次,当这些需求被满足后,人才会追求精神类型的中高层次需求。体育健身就是一种高层次的需求。在社会文明发展水平较高的环境中,体育健身成为一种社会流行时尚就是非常自然的事情。

大众体育健身之所以能成为人们所热衷的社会文明现象,还在于其本身所具备的多样化功能。通过参加大众体育健身活动,可以提升运动者的身心素质,培养他们的坚强意志,陶冶情操,完善人格,协调人际关系等。这些功能中的很大一部分也正是体育的魅力所在。因此,在新时代背景下,大众体育之于社会的独到作用应该是要被最大限度发挥出来的。这会激励人们的精神,形成不同群体的强大凝聚力,进而使人们可以以更加充沛的精力投入到社会主义现代化建设之中。

二、大众健身的特征

大众健身运动是全社会范围内开展广泛、深受广大人士喜爱和亲身参与的活动。大众健身活动的出现非常依赖社会的文明程度,可以说,大众健身活动的出现标志着一定的社会发展阶段。

大众健身之所以受到众多人群的喜爱,在于其本身所拥有的诸多特征,而庆幸的是这也得益于大众思想观念和综合素质的普遍提高,使人们越发深刻认识到大众健身给自身和社会带来的深远意义。在现代社会不断发展的背景下,大众健身的基本特征主要有以下几个方面。

(一)丰富的健身特性

大众健身,顾名思义,其本身就带有健身特性。要知道,今天大众所具有的健身意识并非从一开始就具备,具备这种意识经历了一个相当长的历史过程。好在今天这种意识在人们的心中基本存在,反映到现实当中,就是人们更愿意选择以身体力行的方式参加到体育运动中去,并且愿意为体育运动或体育欣赏做出消费行为。

在新时代背景下,大众健身运动的健身特性注定会越发被突显出来。这一特征主要以社会大众群体为对象,以调节身心健康、缓解病情、改善身体机能为主要目的。具体采取的方式为选择一些中等负荷的有氧练习手段,让人们从中获得身心两方面甚至更多方面的益处。跑步运动在大众健身中开展较为普遍,这看似简单的运动形式中却蕴涵着丰富的健身原理。慢跑的速度相当于快速的走步,既然是跑,过程中双脚就有一个腾空的时间,落地带来的冲击力也注定大于步行,所以,相比于步行,慢跑的健身效果会更好一些。除了跑步之外,多种多样的球类运动也被很多人选择,特别是年轻人。球类运动种类多样,乐趣颇多,它要求运动者必须具有反应灵敏、身手矫健的能力。一些小球运动的球体在过程中飞行速度快、旋转变化多,由此带来许多意想不到的场面,这要求运动者要在短时间内做出快速和正确的反应,以此实现运动的目标。因此,经常参加球类运动,能有效地提高人们的神经系统功能,有效提高人们的反应能力。如果是像足球、篮球、排球这种需要团队协作开展的大球类项目,不仅能锻炼人身体,还能培养他们的团队精神和协作能力,对人的综合素质提高产生积极作用。

(二)娱乐趣味性

如今,可供人们选择的大众体育健身项目众多。可以说,只要你想参与其中,就一定会找到自己感兴趣的项目。大众体育健身之所以受到大家的欢迎,就在于许多体育项目中都蕴含着非常多的乐趣,参与其中的人们很容易受到运动的感染而获得积极的心理感受。纵观许多体育运动的起源都不难发现它们普遍是由某项游戏演变而来的,因此可以说,趣味性是体育运动的一种本体属性。此外,一些体育项目的参与不是个人可以完成的,它需要几个人组成一个团队共同来完成,与他人的合作无疑更加增添了运动的不可预测性和趣味性,人们在此之中更能领略到运动所有的美感,也能更进一步提高人们的审美水平。

由此可见,大众健身运动是一种面向所有人的、功能齐全、富有情趣和魅力的休闲手段,在满足运动者健身健心的基本需求的同时,还能满足人们休闲娱乐的需要。这点对生活在现代快节奏、高压力的社会中的人们来说更具实际意义。

(三)深厚的文化特性

体育运动经历了长期的发展和变化,最终成为今天人们看到的形态,并且其已经从一项单纯的身体活动衍生出了一套从属性文化。今天的体育本就是一种多功能、多元素的社会文化。在新的时代背景下,体育文化体现出的更多是一种人的社会需求,为了满足这种需求,大众体育应运而生并快速走进人们的生活,成为强身健体、寓教于乐、休闲养生的重要内容。坚持长期参加健身运动能有效提高人们的生活质量。对于大多数的大众健身运动项目来说,其内在中都具有丰富的文化内涵,参加这些项目,也就意味着运动者可以从中领略到运动文化的魅力,从而获得运动带给人的强烈文化享受。

(四)独特的教育特性

体育运动自身带有教育的属性,这也使得体育成为一种必要的教育形式和手段。在体育的发展长河中,其作为教育的方式之一也是其得以延续和发展的基础。时代的改变让体育也随之变革,大众对于体育的理解也更加深刻。就体育的教育特性来看,其也被时代赋予了更大的意义,由此让大众体育成为一种时尚,也让体育成为素质教育的重要一环。总体而言,大众健身的教育内容旨在增进人们的身体健康,提高人们健身锻炼的水平,提高人们的心理品质和丰富人们的精神文化生活。

发展至今,素质教育已成为众多国家教育管理部门追求的教育理念,它期待每个被教育者都朝着德、智、体、美全面发展的方向前行,而不是单一追求智力层面的进步。体育作为素质教育中的重要形式就承载了不少相关责任,尽管不同地区和级别的教育机构在体育教学内容、模式、方法等方面存在着一定的差异,但体育教育的不可或缺却是一种共识。通过体育的教育属性,可以给被教育者实现传授生活技能、教导社会规范、提高社会适应能力等价值。其实,体育的教育特性不仅体现在大众体育和学校体育之中,在竞技体育中也是存在教育特性的。现代体育教育不应只关注对人的体质增强或是增加某项运动技能,而是应培养人的健身意识与习惯,从而适应现代社会不断发展的需要。

(五)社会流行时尚特性

大众健身在今天已经得到了较多人们的认可,成为人们日常生活中的重要组成部分,一些项目甚至还成为时下社会中非常流行的元素。这让人们在参与运动之中还追了一把"流行",让人们参加大众健身的行为升格成为一种社会现象,这无疑是对大众体育健身活动开展的最大促进。

需要强调的是,所谓的流行和时尚不只是那些极限运动等较为新潮的项目,大众健身中的许多项目如网球、高尔夫球、垂钓、国际象棋等的历史都比较悠久,然而这些悠久的项目仍旧经得住时间的考验,在今天重新成为大众体育的时尚,受到人们的青睐和热情参与。这类运动项目也展现出了浓厚的流行和时尚色彩。大众健身运动要想传播广泛,关键的一点就在于其要面向大众、融入大众、亲近大众。

（六）一定的竞技特性

竞技性是体育运动的本体属性之一，因此，大众体育运动也自然不会脱离这种特性，而恰如其分的竞技特性也是大众体育运动吸引人们参与和欣赏的魅力之一。可以说，竞技体育是场面最为宏大壮观、气氛最为热烈、欣赏性最强、收视率最高的体育运动。同样，大众健身运动也具有一定的竞技性，比较显著的特征为大众体育项目也有较为完善的比赛规则，参与其中的运动者都要遵循规则，公平公正开展运动。实际上，竞技性的恰当存在也正是大众体育带给人们的一种乐趣，它最能遵从人们内心争强好胜的本能。现实中的任何活动，只要组织成为比赛的形式，气氛就很容易活跃起来。

前面对大众体育竞技性特征的说明总是会强调是一种恰如其分的竞争特征，而不是完全强调竞争，这使得大众健身运动放宽了大众参与的门槛，竞技性只是其中的一个特性，但大众健身本质仍旧是以健身、娱乐、教育为主，竞技只是谋求乐趣的一种手段，区分胜负却不是目的。

（七）市场经济背景下的商业特性

目前，我国的市场经济发展势头良好，社会中多领域的发展也朝着市场化的方向前行。其中，体育市场的发展就成为其中一项非常有代表性的方面。如今，运动健身已经不是简单的个人行为，它更朝着一个产业化的方向发展，时至今日在我国基本形成了一个独立的产业。体育健身的商业化是社会进步和经济发展势头良好所带来的必然结果，这也是对体育运动发展的必然要求。在今天，我国的体育产业已成为我国第三产业中冉冉升起的新星。大众健身商业化的前景被普遍看好的原因主要为：其是面向大众的一项体育运动形式，并且，大众参与健身活动需要在一定的场地中进行，而一些活动还需要特定的运动器材，抑或是需要提供专业性服务。如此就已经决定了大众健身市场那巨大的潜力,现实中我们也不难看到越来越多的商家都将投资的目光落到了这一领域。这不仅为运动项目的宣传与推广创造了良好的客观条件,同时也为发展体育产业、增加就业人口做出了一定的贡献。体育市场健康有序的成长无疑为拉动内需、促进国民经济增长做出了一定贡献,并且它还为吸收社会资本以及为全民健身运动创造了良好条件。目前,我国正处于经济发展的重要转型期,体育产业的持续高速增长明显高于其他产业经济增长的平均速度。这些都让体育产业的发展带有了必然性,我国社会的发展状况也为体育产业的发展营造了良好外部环境,人民生活水平的不断提高和可支配收入的提升,也为发展提供了基本保障,再加上大众健身运动本身所表现出的商业特性,这些都为我国的体育产业在未来的蓬勃发展提供了不可或缺的助力。

(八)体育项目的欣赏特性

体育运动向来拥有十足的竞争性和对抗性,正因如此,让体育运动也拥有了其特殊的观赏性。经常参与或观看体育运动的人都不难发现蕴含在体育之中的美。首先,最被人们意识到的就是体育所呈现出的动态美。体育本就是一种"动"的艺术,为此,这种体育的美也就需要在运动过程中体现。

人们参加体育运动,实际上也是对美的一种追求。例如,不可否认的是,更多的人参加体育运动是为了塑造美的体型,在这个过程中,人们都是在以"美的规律"来重新塑造自己。如此,也就使得体育成为一种人们追求美的活动。在体育运动中蕴含的美实在太多,如运动员的身体就是一种美的展现,运动员在长期坚持运动训练之后,身体形态表现为拥有漂亮的肌肉线条和比例恰当的整体身材,他们在参加运动时的服饰更能映衬出他们身体的美。不仅如此,许多比赛的评判形式也是以美来衡量的,如体操、艺术体操、跳水、体育舞蹈等。体育中蕴含的这些美几乎都是通过人们的运动形象来表现的,这些表现能使人感受到体育美的奥妙,感悟到体育美的真谛。

如果对体育中的美进行溯源的话，那么可以追溯到最初的人类社会体育形式。在此后长期的体育运动演进过程中，体育之美也在不断变化和丰富。体育之美是可以被人明确感受到的，人们可以通过参加或欣赏体育活动并随着场上的形势获得精神振奋、情绪高涨、令人陶醉等感觉，如果是自己非常支持的球员或球队赢了关键比赛，自己也会为之振奋，反之如果输掉了比赛，可能也会让自己感到沮丧和失落。这恰恰是体育运动的艺术魅力所在。

第二节　大众健身的分类与功能

一、大众健身的分类

大众健身中包含着数量众多的项目。这些项目也可被划分为不同的形式供不同的健身爱好者选择。鉴于每种项目都有特定锻炼的价值，再加上人们健身兴趣的不同，使得人们有了更多的可选择余地，这是大众健身活动蓬勃发展的源动力之一。而对大众健身项目的分类是相关理论研究的需要。通常来说，可以将大众健身运动项目根据其功能进行如下分类。

（一）健身性运动

健身性运动是以健身健心为目的进行的运动类型。各类有氧运动项目是健身性运动中的主要项目，这类项目能显著提升人的身心健康水平，具体的健身性运动项目的作用体现如下。

（1）增加肌肉力量，提高肌肉用氧效率。

（2）提高人体的代谢水平，促进人体循环系统、呼吸系统等机能状态良好。

（3）消除身体的疲劳。

(4)维护稳定的情绪,建立起运动者良好的自信心。

(5)降低应激水平,维持体脂的合理比例。

步行、慢跑、太极拳、健身气功、自行车、网球、登山、健身操等有氧运动都属于理想的健身性运动。

(二)休闲性运动

休闲性运动是以满足运动者的休闲需要而进行的以消除疲劳、促进身心健康为主要目的的运动类型。休闲性体育运动具有明显的趣味性和娱乐性特点,运动者在相关运动中很容易被轻松愉快的氛围所感染,这是参与者获得积极性休息的好方法,非常有助于调节心理,纾解压力。常见的休闲性运动有乒乓球、羽毛球、网球、台球、保龄球、高尔夫、轮滑、垂钓、棋牌等。

(三)塑身性运动

塑身性运动是以满足运动者塑造良好身体形态和气质为目的运动类型。人体能够展现出的美是多方面的,从外在体态来看,这种美表现为均衡、对称、曲线等。人的体态美是展现一个人健康程度和自信程度的标志。正因如此,现代人们越发注重体态美,并且妄图通过塑身性运动获得并保持这种得来不易的美。常见的塑身性运动有形体训练、健美操、瑜伽、体育舞蹈等。

(四)竞技性运动

竞技性运动是以满足运动者竞技思维、竞技意识、充分享受竞争快感为目的的运动类型。尽管大众健身是以全面提升运动者的身心素质为目标的,但其也不能脱离竞技的元素,这是体育运动本体属性决定的。健身活动中总少不了比赛的形式,通过比赛活动,运动者不仅能提高机体的对抗能力和全面竞技能力,还能逐渐将这种竞技的意识灌输到自己的本体意识中,这对运动者开展学习和工作都是非常有益的。

（五）极限性运动

极限性运动是以满足运动者娱乐、挑战等心理为目的的运动类型。极限性运动在当下社会中是时尚的代名词，可供人们选择的极限运动种类也越来越多。在过去，极限运动多为户外登山、攀岩、骑马、蹦极，而在今天，还增添了如滑翔机、滑翔伞、冲浪、卡丁车、乘热气球、溪降、潜水等项目。运动者在参与这类项目后可以满足自身对娱乐、刺激、挑战的心理需求，从而获得充分的满足感和自豪感。

对健身项目的选择首先要依据自己的兴趣以及其他需要，如更多需要减肥瘦身的人，可选择塑身性运动；更期待寻求刺激的人，可选择极限性运动等。即便如此，实践当中也应该选择至少三种经常参加的健身项目，以实现全方面锻炼身体的目的。还有一点需要注意的是，选择健身项目要量力而行，而且要与生活水平相符，最重要的是要符合运动者自身身心发展的需求。

二、大众健身的功能

（一）大众健身的健康促进功能

在现代社会背景下，如果一个人只保有身体层面的健康，那么他还不能算作真正的健康，或者说不是完全的健康。现代健康理念认为人的健康不应只是身体层面的，还应该包括心理健康、社会适应能力良好以及道德健康。实践证明，经常参加健身锻炼的人，不仅其身体素质会得到大幅度提升，其心理素质也会得到极大的促进。下面就对大众健身的健身健心功能进行详细说明。

1. 增进人体健康美

所谓的健康美，就是机体展现出最佳功能的状态。当一个人拥有了健康美之后，他普遍会自我感觉良好，对于生活中要面对的学习或生活都充满信心,并且有足够的精力去应对挑战,同时还能正确处理突发状况的应激状态。

从生理角度上看,健康美的人具有足够的肌肉力量、良好的心肺耐力、平衡性、灵敏性和柔韧性。肌肉力量的发展不仅塑造强健的体魄,亦具备强大的活动能力;心肺耐力的发展使心脏与循环系统有效运作,将机体所需的营养物质、氧气及生物活性物质运送到肌肉和各组织器官,并将代谢产生的废物带走;身体的柔韧性和灵敏性的发展可进一步增强人的活动能力,让人在运动中做出的动作更加稳定、准确,运动安全性也更高。

2. 缓解精神压力,调节身心

现代社会高压力、快节奏的生活以及较大的竞争力总是让人有一种"窒息感"。许多研究表明,如果人处于长期的精神压力之下,不仅会引起各种心理疾病,也会关联到身体上而易患上各种生理疾病。人们熟知的如高血压、心脏病、癌症等都与心理或精神压力过大有关。而经常参加体育活动对缓解精神压力有着非常良好的效果,与此同时,这也是预防疾病的好方式,值得推崇。

还有一点不能忽视的是,健身锻炼过程中,总是需要与其他运动者一起交流,他们或是交流技术动作,或是谈论配合的方法。这些人与人之间的沟通行为在无形之中也增加了人的社交能力。时至今日,去健身俱乐部参加健身锻炼已成为众多人的生活新时尚。健身俱乐部中汇集了社会各阶层人士,正是因为这种社会阶层面的拓宽,使得人们的社会交往面也得到了扩大。

3. 提高人们适应外界环境的能力

就个体而言,都存在内外两种环境,这里特别对外界环境进行说明。外界环境包括自然环境和社会环境两个主要方面,自然环境包括地理、气候等环境,而社会环境则主要为人们生活居住的城市环境或乡村环境,以及社会人文因素对个体产生的刺激等。人所拥有的适应能力很大一部分是为了适应外界环境的,具体来说是个体在中枢神经系统支配下,不断调节有机体使之处于正常稳定的机能活动状态,以满足对环境的适应要求。如果个体能够经常参加大众健身活动,则可以促进其机体在有效的中枢神经支配下承受外界刺激和协调各组织系统的能力。举一个非常好理解的例子,人的体温调节能力,对于经常锻炼的人来说,他们对于寒冷气候的适应能力比不经常锻炼的人更强。再如,在传染病高发的季节,经常锻炼的人被传染的几率也要明显低于不经常锻炼的人。这是由于在参加体育锻炼时,经常锻炼的人所处的外界环境和条件可能会经常改变,使身体经常会获得相应刺激,如此坚持下来,健身者对外在环境的适应能力也就相应得到了提升。

4. 医疗保健功能

事实上,许多人参加健身活动的初衷是为获得医疗保健效果,这一效果对于那些患病中的、刚刚从病中恢复的、身体有缺陷的、中老年等人非常重要。但参加这种健身活动一定要遵循医嘱或是在专业人士的指导下进行,特别是要控制好运动的负荷,以期使医疗保健的目标顺利实现。

(二)大众健身的社会功能

大众健身运动具有十足的社会功能,其主要表现如下。

1. 促进人与社会之间的全面发展

人所具有的素质是多样化的,其中意义最重大的一定是健康素质了,它是人的其他素质的绝对基础。鉴于此,也就可以认定人的健康素质是经济建设和社会发展的物质基础。这样一来,任何一个有上进心的国家或民族都非常看重对人的素质的整体提升工作。体育活动给人的全面发展带来的促进作用是巨大的,它也是人的健康素质发展的重要途径。如此看来,广泛开展大众健身运动就成为社会主义建设的要求,而这也是人们增强体质的需求。

2. 为全民健身构建新平台

现代人们的物质生活水平日益提升，这让人们重新对高质量生活的样式产生思考，进而使人们发现体育健身的重要性。信息时代背景下，人们的思维更加发散化，想法更多，与之而来的就是新事物不断涌现。这些新形势下展现出的事物，又对人们提出了更高的要求，它要求人要更加健康，且这种健康是生理、体能、心理、精神的全面健康。大众体育健身形式之所以能够获得各方面的赞许，就在于它首先改变了过往保健体育的被动局面，而且激发了人对于运动健身的主动意识，让人们充分意识到了通过健身达到自身最佳健康状态是一件性价比极高的事情，且这种最佳健康状态包括了心理与精神层面，从而获得的是一种全面化的健康。

3. 对社会道德的规范作用

体育运动在某种程度上对人的规范行为会起到作用，是培养人的道德品质和意志品质的重要方式。体育道德是人们据以调节体育生活及其行为的准则和规范，它对运动者所带来的影响主要在于其自律于人的内心，更多的是通过个人的道德判断和自我调节来影响人的体育行为，以致最终影响人更多的行为。

前国际奥委会主席埃德斯特隆曾说过："奥林匹克运动存在的真正原因在于它不仅在身体上改善人类，而且使他们的思想更加高尚，加强了人们之间的理解与友谊。"如今的体育运动并非是单一的体能活动，可以说，蕴含在其中的精神文化方面的内涵被更多的人所推崇。当人们参与到体育活动中后，都要严格遵循项目规则。这个遵守的过程实际上就是对自身行为习惯的一种历练，这对提高人的道德素质和打造出一个有道德、有规则的社会都具有非常重要的意义。

4. 引导正确的大众价值观,整合社会情感

价值观是指人们对经济活动的价值判断或价值取向。对于个体价值观的评价,更多是看其对价值的实质、构成、标准的认识。需要明确的是,由于每个人对上述三点的认识不尽相同,也就形成了人们不同的、多样化的价值观。在社会中生活的个体都拥有各自的价值取向,这种个人形成的价值取向具有一定的稳定性,但这也不是绝对一成不变的。在价值取向的引导下,人们做出为之不断追求的行为。体育活动中所包含的内容和要求从总体上看是一种相对公平的活动,这必将影响着人们以平等的观念去处理自己要处理的一切,形成人与人平等的观念和行为,所以它才能使人在平等的意识里展现个体的尊严和权利。

5. 促进国民经济的发展

人始终是社会生产环节中的主要因素,甚至是决定性因素。为此,人的身体素质就成为社会生产力的保障。尽管现代社会对人的身体劳动能力要求降低,但更多的脑力劳动依旧需要人们为之付出大量能量和精力,而这也需要良好的身体素质作保障。如此看来,大众体育对人的身心素质有促进功能,也就使其具有了经济功能。

另外,现今大众体育还不断朝着市场化的方向发展。一时间,体育健身市场、体育技术培训市场、体育用品市场、体育广告市场、体育彩票市场和体育旅游市场等产业迅速发展,成为第三产业中不容忽视的组成部分。大众体育产业的发展还带动了更多相关产业的发展,如此也为社会提供了更多就业机会。总之,这有利于国家产业结构的调整,刺激和拉动需求,最终促进国民经济的发展。

6. 培养民主意识,深化民主观念

民主是文明社会的一种象征,同时也是社会公德和法律要求

的具体体现。简单来说，人们常说的民主是对事情有参与或自由发表意见的权利。体育活动中也有能够体现出民主意识和精神的内涵。例如，任何一项体育运动都有相应的规则以及众多竞赛文件，这些规则类文件让参与这项运动的人与体育项目之间构成了一种"契约关系"，有了这些规则文件，就可以让运动者在遵循义务的前提下尽力发挥自己的能力战胜对手。

综合上述内容可知，大众健身所具有的社会意义是以文化的形式渗透到人们生活中的许多角落，且能体现出人与社会和谐发展的理念。另外，在大众健身得以提升人们健康效益的同时还能增强团队的凝聚力，显然这与目前我国致力于推动社会主义和谐社会建设的工作要求也是非常吻合的。

第三节 大众健身的规律与原则

一、大众健身的规律

（一）健身要保持恒心

持之以恒是参加各种健身活动的基本要求，同时这也是确保健身活动达到预期效果的必然规律。为此，当人决定要参加运动以实现各种健康目的时，就要下定决心以一颗恒心来成为运动者。当开始实施健身计划后就要严格执行，一般无极为特殊的情况都不要让健身计划让位于其他事情，更不能形成"三天打鱼两天晒网"的懈怠健身模式。

（二）健身饮食的科学性

长期有规律地参加大众健身运动可以达到预期的健身目标。但这还要有一个配套的健康饮食作为辅助才行。运动健身与营养补充两者互相支持、互相促进、关系紧密。健身的同时会消耗掉运动者的不少能量,而在运动后的营养补充能够尽快使身体得到恢复。然而,此时的营养补充并非是随意进行的,而是要在合理搭配的基础上进行,切忌随意饮食。

（三）健身过程中注意力要集中

运动者在运动中会高度集中注意力以维持他们的正常运动,在一些看似简单机械的力量训练中也需要如此。而那些没有集中注意力在运动当中的人则会因此而降低健身效果,影响健身目标的顺利达成。因此,在参加健身运动的过程中,运动者只有保持高度的注意力,才不会因为姿势不对,而对机体造成运动伤害,从而获取更好的健身效果,这也是大众健身的规律之一。

二、大众健身的原则

（一）主动性原则

人们参加大众健身是有一定目的的,这个目的就是他们参与运动的最大动机,而这个动机又使得他们抱着非常主动的心态参加运动。因此,大众健身活动的开展要遵循主动性原则,其做法就是要努力提高大众参与健身运动的积极性和主动意愿,为此可从如下几方面做起。

1. 培养兴趣、形成习惯

运动者是否能坚持长期参与一项运动的决定因素有很多。这除了要依靠他们自身的坚强意志和勤奋外,还要看他们对某项运动的热衷程度,决定这个程度的就是兴趣。人的兴趣通常有直接和间接两种。所谓的直接兴趣,是指健身者对实际活动内容（具体的运动项目）感兴趣；间接兴趣,是指健身者对活动所带来的结果感兴趣,如参加运动锻炼可以达到理想的形体状态或具备某种运动技能等。如此一来,可以通过对运动者兴趣的培养或引导,来达到提高其运动动机和运动主动性的目的。

2. 明确目的、强化动机

从心理学的角度来分析可知,驱使人的一切活动行为以及维持这个行为的持续时间的就是动机。这点对于运动者坚持运动健身来说也是如此。因此,为了能够在大众健身中秉承主动性原则,可以从激发和引导人们的动机入手,根据人的性别、年龄、身体条件等方面的差异,特别是应将锻炼的强身健体、休闲娱乐、锻炼技能、竞赛等目的与动机与个人的健身需要结合起来。

3. 检查评价、激发动力

对于每个大众健身参与者来说,想通过运动行为获得良好健身效益的目的都要经历一个长期积累的过程。在健身运动的每个阶段中还需要做好严格的医务监督、效果评定和比赛等工作,以便让运动者及时了解前一个阶段的健身效果。这里要强调的是检查评价的激励功能,而不是想发挥单纯的评判功能。通过评价的激励功能来充分调动运动者继续参加运动的主动性,从正反两个方面激发健身者的锻炼热情。

(二)针对性原则

大众健身中的针对性原则是指人们应以自身的实际情况来确定健身锻炼的内容、手段和负荷等,以使整个健身活动符合个人身心发展需要。

事实上,健身者在最初选定健身项目时就要遵循针对性原则,即根据自身年龄、性别、爱好、能力、经济基础等情况来选择运动项目。具体来说,大众健身活动秉承针对性原则需要正确认识如下几点问题。

第一,首先要承认人与人之间的个体差异,这使得每个人的健身需求也有所不同。为此,根据这些不同,在各个健身活动的元素取舍上也要注意区别对待。

第二,目前,可供人们选择的健身项目众多。如此多的项目也就拥有了功能各异的特点,只有有针对性地选择最恰当的项目,才能获得身心锻炼的实效。

第三,一些在室外开展的健身项目,其运动环境可能会随着季节等因素出现变化。因此,为了使健身锻炼始终保持良好的效果,就需要有针对性地对健身计划进行适当修改。

人们在参加健身锻炼的过程中贯彻针对性原则要满足如下几点要求。

第一,针对年龄特点进行选择。身处不同年龄段的健身者的身体状况不同。因此,为了秉承针对性原则,在参加大众健身活动时应根据健身者年龄的生长发育状况科学选择健身项目以及制定运动计划。

第二,针对性别特点进行选择。不同性别的健身者身体状况差别很大。从生理的角度上来看,男性的肌肉普遍较女性更为发达,数据显示男性的肌肉重量占体重的42%左右,而女性的这一数值则为36%左右。鉴于此,在秉承针对性原则的情况下,安排健身负荷时女性负荷应小于男性。在男性健身者的运动计划中可适当增加力量性和速度性突出的项目,而对于女性则应更多安排那些涉及平衡和柔韧性较多的活动。

第三,针对身体状况进行选择。对于健身项目和运动量的选择来说,健身者的身体机能状况是重要依据之一。为此,在参加健身活动之前,人们要对自身的身体状况有一个基本的了解,对曾经患有过一些可能会对运动造成影响的疾病的健身者,还需要做一次全面的体检,或是在遵循医嘱的情况下开展健身运动。

第四,针对地域和季节特点进行选择。不同的地域有不同的地理环境、气候条件和文化背景。这使得在确定大众健身运动中的各要素时,应注意针对不同地域的情况合理选择健身项目或方案。

(三)经常性原则

经常性原则是指人们参加大众健身的行为要经常性地进行,使之成为健身者生活中的一项长期坚持且不轻易中断的重要组成部分。而这也是运动效果累积规律所要求的,即只有通过长期有规律的健身活动,才能使运动能力和身体素质稳步提升。如果锻炼时间不规律,三天打鱼两天晒网,则难以使锻炼效果获得不断积累,阻碍健身目标的实现。运动技能用进废退的规律也使得如果没有稳定长期的运动参与,必然会使已练就的技能慢慢退化,甚至消失,要想再恢复到良好状态则需更多时间和更辛苦的练习。

总的来说,冰冻三尺非一日之寒,健身目标的获得是需要通过健身者周而复始的运动行为获得的。为此,对于人们在参加大众健身过程中秉承经常性原则来说,应具体按照以下几点要求进行锻炼。

(1)培养出好的健身意识与习惯,让健身锻炼成为生活中的重要组成部分,如无特殊情况则不轻易中断锻炼计划。

(2)科学、合理地设定健身目标和计划。长期坚持参加体育锻炼绝不是一件容易的事情,如果能坚持认真参与好每一次健身活动,不仅是对身体健康负责,还是培养毅力、意志的有效方式。

(3)循序渐进,逐步提高。在健身者选择健身项目的内容和方法时要确保其中有所关联、总体构成系统,从而形成一个长期参与、从易到难、逐渐提升的良好趋势。

(四)适量性原则

适量性原则,是指人们在参加大众健身活动时要有合理的运动负荷。运动效果获得规律决定了锻炼效果的获得依赖于所接受的运动刺激强度,当然这个刺激强度并不是越大越好,人体对运动刺激的接受能力不同,但总是会有一个最合理的度。运动强度只有在适宜的范围内,才有助于保持能量消耗的恢复和超量补偿取得一种平衡,这样的健身活动才能获得预期的效果。与此同时,运动者也要注重将自我感觉和生理测定结合起来,自己了解自己的身心情况,力求做到量力而行地运动。而如果一味追求用大运动量的方法获得运动效果,即便产生了明显的多度疲劳现象也不加以调整,则可能给身体造成损害。

人体能量的消耗和恢复的超量补偿是决定适宜运动强度的重要因素。如果能量消耗得过多,自然就更容易产生疲劳。运动本来就会加快人体能量消耗的速度,随之产生疲劳,这是非常正常的。不过正常的疲劳通过一定的休息是可以消除的,身体恢复后,机能水平也就得到了一点点的提高,也就是产生了锻炼效果。而过度疲劳则不利于运动技能水平的提高,有时甚至会导致运动损伤。这也就是人们在参与大众体育活动中要秉承适量性原则的原因。

为了使健身者在参加大众健身活动时能更好地秉承适应性原则,应具体按照如下几点要求进行。

(1)锻炼要量力而行,对于健身时间、频率、运动量等要素的把控要适度和灵活。同时为保证健身活动的针对性,还应将主观感觉和客观标准进行综合考量。

(2)综合考虑健身者的年龄、性别、兴趣、身体状况等因素,对健身活动的各项事宜要做好统筹规划。

(3)在判断运动负荷量是否恰当时可采用自我评定的方法进行,减少出现过度疲劳的问题。

为了获得预期的健身效果,健身者所参加的大众体育活动应有一定运动负荷,但是这个负荷要以科学和适宜为前提,而不是一味求大求多。为避免因出现运动负荷与健身者需求之间出现偏差导致健身者过度疲劳的问题,则需要做好相应的医务监督工作。

(五)全面性原则

全面性原则是指大众健身给身体带来的锻炼成效应是涉及

身体各个方面的能力，并且追求身心的和谐发展。人们参加大众健身活动的预期锻炼目标通常不只有一个，他们或是想通过运动锻炼身体多个部位，抑或是全面提升身体素质，也可能是想获得身体和心理甚至人际交往等多方面的提升。为此，大众健身活动就应秉承全面性的原则，在保证运动者最基本的健身需求的同时，还应满足更多方面的健康需求，甚至是社会人文方面的需求。如此看来，人们在运动健身锻炼中贯彻全面性原则具有非常重要的意义。要想贯彻好大众健身的全面性原则，在开展过程中需要落实以下几个方面的要求。

(1)参与运动要综合考虑个体的身体形态、机能状况、自身兴趣等多方面的全面发展，即使是要求全面发展，落实中也要与一些重点相结合进行，如与个体职业发展有关的身体部位和素质要予以重点考虑、优先发展。

(2)合理选择和搭配健身内容。要想做到全面发展离不开对运动项目、运动时间、运动负荷等合理的选择以及科学的搭配方法。任意地选择项目和随意地组织活动是缺乏科学性的，即便在这种情况下参加了一些运动，所获得的效果也注定不如那些在科学规划下开展的运动。

(3)要注重身体外在形态和内在机能的结合。目前，人们参与大众健身运动的目的更多还是与自身外在形态的改善紧密相关。这并不是一种错误的理念，而是在此基础上，还要同时注重对内在身体机能的锻炼，这样才能真正地提高自身的综合身体素质。另外，在锻炼中也要尽量集中注意力，让感情也投入到运动当中，这样一来，心理素质也在锻炼中得到了提升。

(六)恢复及时性原则

人体的恢复过程就是身体机能提高的过程，与此同时，这也是人体能够长期维持运动所需的前提。当人的身体处于恢复期时，身体的机能能力会有一个短暂超过原有水平的时期，这种现象称为超量恢复。此后如果运动负荷有所减弱或停止了运动,那么短暂超出的部分就会衰落。因此,如果能够合理利用好超量恢复,就能实现身体机能和健康水平不断提高。但这一切都要求身体必须获得足够的休息,下一次的运动需要在身体基本恢复的情况下进行,这样才不会让疲劳过度积累,从而对身体造成伤害。

第二章　大众健身现状与发展策略探析

随着社会的发展,体育事业如沐浴春风一般蓬勃开展起来。特别是近十年来,休闲体育、群众体育等新型体育运动不断出现且被人们接受,再加上全民健身计划的落实,大众健身成了众多人生活中的组成部分。为此,本章就对大众健身现状与发展策略进行探析。

第一节　大众健身运动的开展现状

进入 21 世纪,大众健身运动不再只是一种简单的运动形式,更是人们对生活质量提升的一种追求,甚至大众健身运动本身就是一种生活方式。大众健身运动本身也一直处于发展之中,与过去几十年相比,其也已经出现了诸多变化。人们在多种因素的驱使下也更加认同大众健身理念,并积极身体力行参与其中。再加上人们的物质生活水平提升,业余时间的增加等硬性条件的完备,使得更加为大众健身运动的发展提供了良好契机。所以,在新的社会背景下,认真审视我国大众健身运动的现状是制定新时期我国大众体育发展战略的实际需要,也是预判未来大众健身发展趋势的依据。这对于我国正致力于建设的社会主义和谐社会具有重要的现实意义。

一、我国大众健身发展取得的成就

(一)健康观念深入人心,体育人口稳步增长

如今,百姓的日子越过越红火,过去那种物质匮乏的生活已经一去不复返了。于是乎,人们的追求逐渐转向为拥有更高的生活质量,那么身体的健康就是享受生活的基础,因此,维持良好的身心健康水平就是人们最为迫切期待的事情,"健康第一""生命质量"等观念也逐渐深入人心。群众对体育健身运动的参与程度反映出这项运动向社会渗透的深度与广度。事实上,人们的健康观和健身意识已经开始成为社会的主导意识之一,它驱动了更多人参与到体育锻炼之中,成为体育人口。体育人口,是指经常参加体育健身运动,具有统计意义的人口占总人口的百分比。通过近年的统计可知,我国的体育人口数量逐年递增。由此很直观地说明了越来越多的群众有了体育健身的意识。

为了进一步宣传和推广大众健身运动,以及推动《全民健身加护纲要》的落实,我国多级体育管理部门每年都会举办"全民健身宣传周"活动,以求在更广泛的社会范围产生影响,这是增强群众体育健身意识的重要举措之一。

(二)大众健身的物质条件显著提高

作为大众体育健身的物质基础。近年来,我国对大众体育领域的物资投入不断增加,甚至利用体育彩票的资金专门兴建了"全民健身工程"。为此,国家和地方共投入3亿多元人民币,其建设结果为共兴建"全民健身工程"3000多项,建设"全民健身路径"近万条。在其中,地方投资占比甚至高达70%以上。在近些年,体育彩票公益金对于大众健身活动的硬件建设支持作用愈发重要,有60%用于实施全民健身计划,使得各级机构的群众体育经费逐年增加,开展大众健身活动物质条件和经费不足的问题得

到了较好解决。

(三)群众性体育活动形成热潮

国家体育总局群体司汇总了从2004年以来的24个省、区、市体育局群众体育处关于群众最青睐的10个体育项目数据。以城市为例,普及度较高的38个项目中,排名前十的依次为乒乓球、健身操、太极拳、篮球、羽毛球、健身走跑、游泳、门球、健身秧歌和武术。为进一步宣传群众性体育活动,不断掀起大众参与体育活动的热潮,国务院在2009年1月决定自2009年起,每年的8月8日为全国的"全民健身日";2009年9月,国务院公布了《全民健身条例》,这是我国第一部全面、系统的全民健身事业发展专门性行政法规,是我国全民健身事业法制化、规范化的重要标志,是加快全民健身事业科学发展、建立全民健身长效化机制的重要举措,是满足人民群众体育健身需求、促进体育事业协调发展的重要保障。正是在这些有制度的活动以及相关行政法规的保障下,群众性体育活动的热潮才得以初步形成。

(四)大众健身的发展已纳入法制轨道

为了促进我国各项体育事业蓬勃发展,我国于1995年颁布了《中华人民共和国体育法》。该法的颁布标志着我国体育工作的开展进入了依法行政、依法治体的新阶段,同时也确立了大众体育的地位和作用。也是在这一年,由国务院下发了《全民健身计划纲要》(以下简称《纲要》),这是发展我国社会体育事业的一项重大决策,是促进全民健身事业朝着更加科学方向发展的纲领性文件。

《全民健身计划纲要》对我国全民健身的目标、任务、对象、重点、对策、措施和实施步骤等进行了计划和部署,详细的落实计划为"全民健身一二一工程"。党和政府都高度重视《纲要》的颁布,认为这是与实现社会主义现代化目标相配套的一项增强国民体质的系统工程和跨世纪发展战略规划。在党的领导下,在各级人大、政府的重视下,再加上各级体育行政部门为之付出的努力,使得全民健身活动进入了法制化管理时期。

到 2015 年,我国全民健身运动已经开展了 20 年。经过 20 年的发展,我国已基本建成了一个可覆盖城乡的全民健身公共服务体系。在各级领导班子的领导下,由省级领导人担任主要负责人,由若干成员单位组成的省级全民健身工作领导协调机构,地级建立这种类型机构的占 98% 以上,县级占 95% 以上。甚至在街道、乡镇一级的行政管理部门也建立了可与上级对接全民健身工作的专属机构。至此,我国已经逐步建立起纵贯全省、地、县、乡,横跨行业系统、群众组织、社会团体,政府领导、体育行政部门组织、各方齐抓共建的新型社会体育组织领导机制。从而形成了一个以法律作保障,以行政促推进,努力建设系统工程的方式来发展全民体育健身的新模式。

2016 年 6 月,国务院通过并颁布了《全民健身计划(2016—2020 年)》。又一个全民健身五年工作计划的开启,为我国未来五年的全民健身活动开展提供了进一步明确的指导意见和目标。在 2020 年已经到来的今年,全民健身发展计划的目标是否实现,将会很快得到验证。

广大人民参与体育运动需要《全民健身条例》和《体育法》这样的法律法规予以保障,这些法律法规使我国的全民健身事业进入一个新的更高层次的发展阶段,这是促进大众健身活动和大众健身事业发展不可或缺的重要法制基础。

(五)大众健身的组织工作更加完善

西方大众体育开展较为发达的国家早已通过实践证明了——对于健身运动的开展必须要有组织保证。为此,我国在体育体制改革深化和体育社会化程度不断提高的基础上,逐步形成了中央、省、市(地)、区(县)、街道(乡镇)的体育社团的层次结构,这个结构基本覆盖了我国广大城乡地区。体育社团的类型众多,在组织大众体育活动中承担了重要角色,它具体包括体育总会、项目体协、群众体协等。时至今日,我国社会体育已经初步形成了一个以体育社团为主线,以基层体育指导站、活动点为点的点线结合,覆盖面广的社会化群众体育组织网络。

(六)社区体育和老年体育发展迅速

在我国长期存在的计划经济体制下的"单位大众体育"模式,随着社会主义市场经济体制的确立也宣告寿终正寝,取而代之的是以地缘联系为纽带、以业余自愿为前提的社区体育。在我国,最具特色的城镇社区体育形式就是"晨练"。此外,随着社区功能的不断完善和社区居民对社区工作的认可与支持,社区体育的发展注定会迈上新的高度。

随着我国医疗卫生事业的发展和人民物质生活水平的提高,我国人口的平均寿命也在逐渐提升。不可否认的是,我国已进入了老龄化社会阶段,我们应正视这一社会问题,并且应借此契机努力搞好老年人大众体育工作。老年人对健康有着格外的向往和需求,且闲暇时间较多,事实也证明了他们已经成为大众体育健身活动的参与主力。老年人作为大众体育活动的主力军这一势头在未来还会持续发展下去,而大众体育活动也是造福老年人,让他们保持身心健康,安享晚年的重要形式。

(七)学校体育发展迅速

为了搞好学校体育工作,教育部门在制定学校体育相关政策时也得到了国家体育总局的大力支持。教育部门将各项学校体育应落实的标准纳入学校体育考试之中,并会同教育部共同制定了《少年儿童体育学校管理办法》《体育传统项目学校管理办法》等法规文件,以期进一步以体育锻炼的形式达到加强青少年素质教育的目的。学校体育可以说是我国体育事业的根基,其在大众体育健身领域中的地位也是很高的,在推动群众体育的发展方面的作用在于学生在体育人口中的占比很大,再加上他们在学校中能够接受到相对系统和完善的体育教育,毕业后在社会中就可能是体育运动积极分子,甚至是大众体育指导员,这对推动全民健身事业来说其作用是非常重要的。如此看来,我国学校体育的发展情况一定程度上也决定了我国群众体育的开展水平。

2016年,为进一步促进学校体育发展、改善在校学生的体质和提高其身心健康水平,国务院办公厅于5月6日印发《关于强化学校体育促进学生身心健康全面发展的意见》(国办发〔2016〕27号)(以下简称《意见》),强调发挥体育在推进素质教育中的综合作用。到2020年,"体育教学质量明显提高,学生体育锻炼习惯基本养成,运动技能和体质健康水平明显提升,规则意识、合作精神和意志品质显著增强,基本形成体系健全、制度完善、充满活力、注重实效的中国特色学校体育发展格局。"显然,该《意见》指明了我国校园体育发展的重要目标和方向。

新时期,强化学校体育对于促进教育现代化、建设健康中国和人力资源强国、实现中华民族伟大复兴的中国梦具有重要意义。以学校体育教育来扩大体育人口,使在校学生建立终身体育意识,并在毕业后能持续参与各种形式的大众健身活动,形成良好的社会健身文化氛围,对于我国大众健身发展意义重大。

(八)民族传统体育继续发展,新兴的体育旅游逐渐兴起

武术作为我国传统体育中的代表,自然在大众体育健身活动中被人们经常选择。除此之外,秧歌舞、放风筝、踢毽子等传统体育项目也在大众健身中发挥着各自的作用,且这些项目对场地、器材等硬件的要求不高,适合广大人民群众最基本的运动需求。

另一方面,体育旅游市场不断繁荣起来。这还要得益于人们的假期时间增加以及人们对体育和旅游的双重需要,这使得假日经济被激活,而这也带动了旅游市场的活跃。经过几年的发展,体育健身日益成为旅游的一大卖点,体育旅游资源也是众多商家注重开发的内容。人们一改过去观光性旅游为休闲性旅游,转被动赏景为主动参与,这对体育旅游行业的发展无异于吹来了一股东风。

二、我国大众健身发展中存在的问题

我国施行改革开放政策至今已经有四十余年的时间,在这期间,我国大众体育的发展也取得了许多成就。但冰冻三尺非一日之寒,大众健身毕竟是一项需要长期开展的事业,其过程中也会遇到种种困难和阻碍。下面就简要梳理一下我国大众健身发展中存在的几点问题。

(一)大众健身设施条件较差

目前在我国大中型城市中,供体育活动开展的各种等级的体育场馆相对完备,但这些场馆对公众开放的比例有限。再看农村地区,受限于经济因素,广大农村地区的体育场馆和设施的覆盖率远低于平均标准,可供体育活动开展的基础设施建设也严重不足。尽管近些年来国家在体育场地、场馆和设施的建设上投入了不菲的资源,但这些场馆设施更多是考虑为竞技比赛服务,较少考虑为大众的健身活动服务,如此出现了在健身者生活半径内有不少场馆,但却不可用于健身的窘境。如此状况无疑会大大阻碍大众健身运动的发展。

(二)参与大众健身的人群结构不合理

通过调查可知,目前参加大众健身活动的主要群体为中老年人群体和儿童青少年群体,其中儿童青少年群体还是以在校学生为主。相比之下,中青年群体占比最少。如此使得我国经常参加大众健身的体育人口的年龄结构呈现出一个马鞍型的形态。事实上,中青年作为社会建设的主力军,更需要他们拥有健康的身心状态。之所以出现中青年人参加大众体育活动较少的情况,原因主要在于他们在事业、家庭等方面疲于奔波,很难有较多精力顾及自己的健康,他们缺少老年人那种充裕的闲暇时间和青少年学生上体育课的条件及活泼好动的行为。另外的原因还有,如部分中青年人的健身意愿不足,缺少业余时间,或有其他放松休闲的方式等。我国各年龄阶段的人群对健身意识都存在观念上的问题,这是一种对社会、对人生缺乏责任的生活态度。健康非个人私事,它是关系到社会发展和民族兴衰的国家大事。

(三)体育消费水平差异显著

虽然近些年来我国大众越发意识到体育健身的重要性和其所具有的价值,但从总体而言,更多的大众受传统观念和经济收入等因素的制约,对体育健身消费这件事来说仍旧有许多认识上的偏差。这种差距在发达城市与发展中城市之间的大众中就已经能够明显看到了,更不要说城市地区和农村地区的对比。即便同在一座城市中的群体,也会由于社会阶层、收入水平等原因决定人们的体育消费行为。但更多的人已经认可了花钱买健康的理念,也更乐于将金钱投向健康领域,即为自己的健康投资。

(四)健身运动的负荷较低,效果不显著

我国大众在传统体育思想的影响下普遍认为参加运动主要是为了养生和祛病,在这样的理念下,许多人选择太极拳、民族舞、散步等健身方式。当然,这些运动负荷较低的项目当然也是大众健身中不能缺少的,但对这一问题的理解要因人而异,如果对于中青年或青少年来说,则可以选择一些运动负荷稍大的、对抗性较强的项目。调查显示,我国参与大众体育的人群选择中等强度运动和高强度锻炼的只占锻炼者总数的 7.74% 和 8.44%,这一数据远低于西方大众体育发达国家的数据。事实上,如果一味选择较小运动负荷的项目,则会使健身效果不显著,久而久之甚至让人怀疑参与大众健身的意义和它所具有的功能是否真实。

(五)大众体育发展处于孤立状态,且水平较低

体育本就是以各种形式出现的。在我国,体育是由大众体育、学校体育和竞技体育三种形式构成的,三者之间应该是相互结合、互相促进的关系。就大众体育来说,它应该是竞技体育的基础,并且是学校体育的延伸。然而实践当中,我国大众体育多半在非体育场地进行,且人们所选择的项目中也有很多是非竞技项目;参与竞技体育训练的运动员日常参与的是封闭训练,几乎也不会与大众和学生见面;学生接受的学校体育教育也是在学校紧闭大门的环境中进行的。如此一来,这种相互封闭、相互割裂的体制与现代大众健身活动的发展很不相称,大众体育在这种孤立状态下的发展显得形单影只。

(六)群众健身误区较多

与过去相比,我国大众的健身意识尽管已经出现了许多转变和进步,但从总体上来看,仍旧有很大部分大众的健身意识停留在过去,亟待提高。这部分群众在健身方面的认识误区主要有以下几种。

(1)被动的欣赏意识。更乐于以观赏的形式作为参与体育的手段。

(2)唯竞技意识。单一认为参与体育的目的是为了取得名次。

(3)药补意识。认为吃药,以及采用药补才是正确的维护身体健康的方式。

(4)老年人保健意识。认为健身锻炼是中老年人的事情,作为年轻人不必太在意锻炼身体这种事。

(5)非体育性的娱乐意识。用打扑克、玩麻将等益智类项目代替以身体活动为主的体育锻炼。

(七)大众健身运动区域发展不平衡

我国幅员辽阔且还正处于发展中阶段。这一国情就决定了

国家中不同地区、城乡等之间存在诸多发展层面的不均衡,其中特别体现在经济层面,最显著的就是东西部地区的经济发展差异。经济发展上的差异直接能反馈到大众体育健身发展的蓬勃程度,由此也表现出我国大众健身开展的发达地区在东部和沿海地区,西部和广大农村地区的大众体育健身开展则相对落后。有统计数据显示,经济发达地区与经济欠发达地区无论是在人的健身意识、体育人口、体育健身场所、体育消费水平等方面都存在着较大的差异。

(八)大众健身运动指导员数量不足,质量不高

现代化的大众体育应该是有组织、有计划、有指导的科学性极强的体育锻炼形式。研究显示,在一些体育发达国家中开展的大众体育,其体育指导员的配备非常完善,广大健身者接受体育指导员的运动指导也是非常普遍的事情。在日本,在14种体育设施中,有22%配备了专门的体育指导人员。目前来看,虽然我国的大众体育活动开展得红红火火,群众满意度和参与度逐渐提升,但与那些大众体育开展良好的国家相比仍旧存在诸多问题,单就体育指导员的数量和质量的差距就很大。为了弥补这个缺陷,我国高校也相应开设了社会体育专业,社会层面也制定了社会体育指导员资格认定方法等,由此使我国社会体育指导员的队伍不断壮大。但事实上,短时期内仍旧难以满足大众体育对体育指导员的需求。所以,加强对大众体育的科学指导,培育社会体育指导人才,是大众体育发展的根本任务之一。

在21世纪,我国经济增长速度进一步加快,但国民的身体体质状况却并没有随之提升,这点如果是和发达国家相比,差距就更加明显。国民体质健康的种种堪忧状况无形之中会影响到我国社会主义建设,再加上我国已进入老龄社会阶段,这些都使得民众的健康问题成为未来社会主义现代化建设进程中的负资产。

第二节 制约大众健身运动发展的因素分析

一、文化因素

客观存在的事物会影响人的意识。在这一哲理的指导下,大众的健身意识不仅决定于有形的社会政治经济结构,而且还受制于民族文化的价值取向、思维方式等无形的思想文化传统结构。为此,对我国社会大众参与健身意识的历史文化背景有所认识,探寻我国传统文化对现代大众的健身意识构成的积极或消极影响,均会对新时代促进大众健身事业甚至构建社会主义和谐社会带来诸多现实意义。

(一)我国传统文化对大众参与健身意识的积极影响

中华民族文化传统来源于华夏儿女孜孜不倦的创造性劳动,体现着对真、善、美的不懈追求。这就是中华文化得以绵延千年、生生不息,时至今日具有悠久历史的根本原因。如果能够深入挖掘我国传统文化对大众参与健身意识影响的积极因素,就能相对准确地把握民族传统文化的深刻内涵,并且取其精华,剔除糟粕,与时代共进,最终有利于今天的人们以更加积极的心态和更加科学的方式参与健身运动,从而推进大众健身运动以及整个体育事业的发展。

(二)我国传统文化对大众参与健身意识的消极影响

马克思主义哲学告诉我们,事物都具有正反两面性的特征。当今世界正裹挟在全球化浪潮之中,信息传递的途径多样,速度奇快,这些都促使我们能接受到更多的多元文化。就体育文化来说,本土的体育文化也受到了来自外来体育文化的冲击。不仅如此,我国传统文化中的一些消极因素也给大众的体育参与意识带来了些许负面影响,从而给我国的大众体育发展带来一定的阻碍。

第一,我国传统文化固有的思维方式在指导大众层面的体育健身方面,总是显现出一种封闭性、经验性的特征,这对在现代社会中生活的人的意识来说显然是缺乏创新性和科学性的。我国传统文化中的封闭性思维特征表现为人的思想总是被限定在某种相对固定的模式中,长此以往必定缺乏新意,且也禁锢了文化本体与外界进行信息交换的需求,更不要说是接受新的事物和思维了。纵观我国历史可见,在长期的封建专制制度下,多少民族的进取精神和自由精神被扼杀,遗留下的更多是那些因循守旧和奴性思维。第二,传统文化对国人的影响颇深,甚至人们都是在这种思维下被塑造出了性格和气质,使得华夏民族普遍形成了含蓄内敛、好静、惯忍让、有依赖的性格特征。这为后人在文化继承中形成了保守有余而创新不足的缺陷。另外,我国传统文化中重经验直观、轻理性和精确性的经验性特征,使人们对体育经验材料进行搜集、分析、选择、整理时不能深入某方面某领域的内里,只是把握了体育的大致轮廓,这样所获得的经验总是缺乏理性的。第三,传统文化对大众健身意识的消极因素还使得其将人们对体育的意识限制在狭小的范畴之中,更不要提体育与社会之间的那些纷纭复杂的联系,而这种封闭性思维方式对于体育文化的传播、发展、推陈出新、借鉴外来科学的体育经验等都产生巨大的阻碍作用。第四,我国大众体育健身的起步较晚,总体水平不高,更缺乏相关活动的组织经验和宣传,这让普遍深受传统文化影响的大众缺乏创新意识和科学运动常识。上述种种都是我国体育发展相对落后的不可回避的原因之一。

二、政治因素

对大众体育的开展来说,政治是一种不可或缺的社会保障。

政治是一种社会现象,在国家产生之初就已经存在,是人类社会中一种普遍存在的文化类别。政治对一个国家来说是它的上层建筑,是统治阶级赖以指导和组织整个社会生活和经济生产的枢纽,对人类社会中几乎所有的现象都产生影响,当然也包括大众体育现象。

作为世界上最大的社会主义国家,社会主义的国家性质决定了我国的体育事业建设出发点和目标均是为人民服务。在这一点上,党和国家也一直践行着,并对人民的体育事业开展高度关注。中华人民共和国成立之初,毛泽东同志就发出了"发展体育运动,增强人民体质"的号召。邓小平同志在20世纪70年代也曾有过"中国的体育就是群众体育"的表述。1995年,国务院颁布了《全民健身计划纲要》,两个月后,全国人大全票通过了《中华人民共和国体育法》,它明确规定:国家推行全民健身计划。这为推进全民健身和维护人们参与体育的权利提供了法律保证。当大众体育获得了一系列发展的基础保障后,便在20世纪90年代中后期迅速发展起来,时至今日已初具规模。在社会的发展呈现出新形势和发生了深刻变化的今天,党和政府更加关注提升人民的生活质量等民生工作,这些将继续会成为大众健身活动开展的积极因素。

三、经济因素

大众健身运动属于一种上层建筑文化,这就决定了它的发展需要依赖一定的物质条件,而经济因素就是大众健身运动物质条件的保障。马斯洛的需要层次理论告诉我们,包括大众体育健身在内的精神文化层次的需要,都是要在人们满足了基本物质需求的基础上才会出现的。为此,人们利用物质资料开展的一系列生产活动就是最基本的实践活动,而大众健身作为一种享受型文化,它的发展要以物质资料生产的发展为基础。

就现代社会经济的发展情况来看,大众健身已经成为一项新的产业,发展前景良好。一些体育产业开展较早、势头良好的国家,其体育产业甚至已成为国家经济的重要组成部分,甚至大有成为支柱产业的势头。相比之下,我国的体育产业发展较晚,且尚没有形成一个较为完善的体系,这些还需要不断摸索,并不是短期内能尽善尽美的事情。但可以看到的是,我国大众对健身娱乐、竞技观赏和体育用品的消费需求愈来愈旺,这都是体育产业在未来的发展前景良好,有较大市场前景的判断依据。

四、教育和科技因素

要想推动体育现代化,就必然要依靠社会成员的良好法制观念和道德观念,当然更加不可或缺的是人们的体育意识和参与动力。这些观念和意识的建立无疑是需要高质量的教育行为作为保障的。同时,社会成员的科学文化素质也是保障实现体育科学化和高水平化的前提。然而,在追求现代化的过程中包括大众体育在内的各个领域都会见到许多急功近利的做法,这不仅不能让我们尽快达到预期的目标,反而还会让我们走很多弯路,耗费更多资源,反而延迟了现代化的实现。由此可见,高质量的教育和科技普及是大众健身活动力求现代化的过程中不容忽视的因素。

第三节 大众健身运动的发展趋势与对策

一、现代大众健身运动的发展趋势

21世纪已经走过了前20年,这20年是我国各项事业迅速发展的重要战略机遇期,这对大众健身运动的发展来说也是如此。可喜的是,我国的大众健身运动也的确抓住了这一发展关键期,展现给了大众一个持续、快速、健康的发展态势。在这一时期,广大健身爱好者也能感受到参与运动的条件越来越好,相关服务越发优质等变化。在这一势头的影响下,大众体育和大众健身运动在人们生活中的位置将会得以提升,人们也会更加青睐并参与大众体育。具体来说,大众健身运动的发展趋势主要表现在下述几个方面。

(一)大众健身产业化发展空间广阔

随着我国各方面发展势头良好并获得了显著的成效,人民的生活水平逐步提高,过去只满足于吃饱穿暖的生活态度已经过时,人们转而开始追求更高的生活质量。大众健身运动作为一种精神层面的文化需要,就自然成了人们为提高生活质量而关注的对象,而这注定会为大众健身的发展创建巨大的市场需求。如今,我国大众健身市场基本呈现出了一定规模,这种判断基于以下三点。

(1)大众对健身、健美、保健、娱乐的广泛需求。这得益于人民的健身健美意识不断萌发。

(2)社会经济水平的提升使更多人拥有了更多可支配收入,这为他们将可支配收入投入大众健身领域进行的体育消费提供了经济保障。

(3)体育健身产业存在着劳务化商品和消费者这一构成市场的基本要素。

通过上述三点就不难得出我国体育健身市场已经形成并且获得了良好的发展势头。这不是凭空推断的,而是在遵循社会发展规律之后看到的表现。

此外,信息时代的到来给社会各方面的发展带来了巨大的便利,人们也更加意识到保持良好的身心健康状态对个人和社会的重要性,随之而来的就是人们想方设法改善和维持自身的健康状况,这种意识会明显增加。在实际当中,就表现为人们更加热衷参加体育健身活动,甚至愿意为此花费一定的金钱。向体质与健康投资,搞体能储备将成为一种社会风尚。实际统计表明,我国大众的家庭体育消费正不断增长，如果能够进一步挖掘和释放这一潜力，那么体育健身产业的经济前景不可估量。由此带来的体育健身、体育娱乐、体育康复、体育表演等巨大的体育消费市场，将大大推动体育产业的发展，并且带动相关产业的发展。

2010年之后，我国体育健身产业进入了新的发展时期。这一时期，人们更加注重身心健康的维护，并且在被提供的体育健身服务和场地设施等方面的要求更加严苛。这一时期我国在社会政治、经济、文化等领域的发展也为体育产业的发展提供了良好环境。政治的发展使人们参与体育活动受到法律、法规的保护；经济的发展带动了大众健身所需的体育基础设施的改善；文化的发展将大众健身上升到了国家精神文明建设的重要组成部分。

2014年10月20日，国务院下发了《关于加快发展体育产业促进体育消费的若干意见》（以下简称《意见》）。该《意见》指出："到2025年，我国的体育产品和服务要更加丰富，市场机制不断完善，消费需求愈加旺盛，建立布局合理、功能完善、门类齐全的体育产业体系，为近年来我国体育产业总体规模不大、活力不强、体制机制不健全提供了重要发展建议和发展策略。"

今天我国的体育市场还处于初级发展阶段，此后这一发展阶段可能还会延续一定时间，这与我国总体发展格局是吻合的。相信在未来我国大众体育市场的发展中，产业体量还会不断加大，发展势头良好，发展前景可期，体育产业逐步成为新的经济增长点。

（二）健身俱乐部将广泛兴起

大众健身开展的场所可以是空旷的户外环境，也可以是设施完善的室内环境。健身者要到哪种环境中运动取决于自己的健身需求、经济能力以及项目选择。为了迎合更多健身者提高运动体验的需求，许多健身俱乐部如雨后春笋般建立起来，其为广大健身者提供全面体育服务。健身俱乐部的运转主要依靠利益机制，组织结构也较为简单，管理也更加高效，表现出显著的趋利属性。众多类型的健身俱乐部的兴起一定程度上解决了我国多数体育组织"造血"不足的困境,是促进我国大众体育健身产业发展的一股东风。

实际上,健身俱乐部的兴起是一个国家体育产业蓬勃发展的必然现象,也是体育产业发展到一定阶段的标志。在我国的市场经济体制下,健身俱乐部的兴起是将体育健身活动向商业化方向发展的必然,这对于广大健身消费者来说也是一件幸事。作为一类兴趣集团,参加健身俱乐部的健身者参与目的非常简单,俱乐部中的会员基本没有其他利益纷争,他们可以从某种运动兴趣出发,"安心"于互相在运动健身方面的交流。如此能真切使运动健身成为满足个人兴趣的事情,同时还能成为一个有益的接触社会同领域或不同领域人士的窗口,当然其更是舒缓心情、调整心态、强身健体的活动场所。

（三）大众健身运动内容将更加丰富

从我国回归奥运大家庭之后的历届奥林匹克运动会的比赛成绩可以充分说明,我国的竞技体育运动发展已逐步走向世界前列。而在21世纪的今天,我国已经是世界上数一数二的体育大国。然而,同样作为一个国家重要体育形式的大众体育的发展则长期表现出发展缓慢的态势。如今,大众的健身意识不断增加,政府也借此势头不断宣传和号召大众积极参与体育运动,由此使得大众体育必然成为体育领域的新热点,这也是我国从体育大国向体育强国转变的重要举措。而这些对于大众运动健身的个人来说,则主要体现在他们参与运动的科学性上,以及所获得的实际效益。每个运动者都有自己的实际情况,为此,他们可以根据自己的工作性质、业余时间、经济能力和健康状况制定符合自己要求的健身计划,以全面锻炼身心素质,保持足够的精力。在现代我国体育文化受国际影响的背景下,更多西方体育项目被人们选择和青睐,更多优秀项目的融入无疑是对大众健身内容的一种丰富,使其更加具有多样化,提高了大众的可选择性。大众健身的组织者应在当前形势下兼顾传统体育和民族体育内容的基础上，注重打造一些适合国情、具有东方人特色的健身内容体系。另外，倡导更多的体育场馆向公众开放是对大众健身的一种支持和保障，同时也是增加健身内容的一种方式。目前，新的大众健身趋势已经显现，这就是大众对自然的生态运动、与旅游相结合的休闲体育的追求。将这一领域内容吸收到大众体育当中来，无疑又是一种对大众体育项目的有益补充。

（四）大众健身的生活化发展

生活在新时代社会中的人们可能会明显发现，如今的社会生活物质丰富、思维活跃，但所受到的高压力和高竞争也让人们感到有些窒息。为了获得成功和彰显自身的价值，就必须要将更多的精力投入工作和学习之中。然而，"身体是革命的本钱"这句话总是没错的，其作为知识、能力、精神和道德的载体，具有先决地位。今后一些如"健康第一""健身是投资人力资本""健身是储蓄健康"等理念更容易深入人心，大众也开始在"以人为本"的"科学发展观"指导下对"发展"的最终目的进行重新审视。其结果就是引导人们更加关注自身的身心健康，这是他们切实提高生活质量的核心问题，进而促进他们摆脱平日的不良生活习惯，加入体育健身的人群当中。

（五）大众健身的社会化趋势

在新时代和新的社会形势下，我国的大众健身事业将会进一步成为一项非常必要且具有深远影响的社会事业，大众健身的社会化趋势会更加明显。

我国的社会主义市场经济体制，对催生一种新型的国家调控、依托社会、服务群众、充满生机和发展活力的大众健身管理体制和良性循环的运行机制，起到了非常积极的作用。这就要求在过往中一直由政府部门包办组织的大众健身格局被打破，而组织大众体育活动的工作将逐步落到企事业单位、街道办事处、乡村文化站和社区文化服务中心上。社会体育指导员队伍将会得到更全面的建立和健全。社会中各种体育协会、俱乐部、辅导站等大众体育组织机构将迎来罕见的发展机遇,进而承担起大众健身的大量组织工作。在这个过程中,大众健身的市场也将逐渐发展和做大,满足不同健身需求的体育消费者,为其提供品质优良的服务,而这也无疑会进一步促进大众的体育消费意识,特别是对自身健康进行投资的意识。如此之下,我国大众健身事业将呈现出崭新的局面,无形之中大众健身的社会化程度就得到了加深,终身体育理念也将逐步被大众接受乃至深入人心,这也是大众健身社会化程度的集中反映。

(六)社区体育将成为大众健身的主流

社区体育是指以人们居住的社区为单位,以满足社区居民的体育需求为目标,以辖区的自然环境和体育设施为物质基础,以增进社区成员的身心健康,巩固和发展社区成员感情为主要目的的区域性群众体育活动。在今天,社会中诸多领域的发展大多都能从百姓的生活质量上显现出来。由此,当看到人们的生活已经开始不再只满足于吃饱穿暖,而是有更高精神层面的追求后,就能了解到社会的进步。如今人们的生活主要都会落到社区这一基层单位上,如此来看,每个社区都是一个具有活力的群众团体,这对于体育文化的发展来说是非常良性的。体育文化在社区的发展也进一步丰富了社区文化事业,进而使得体育文化在社区中的开展成为一种必然。当前,社区已经开始承担许多大众健身活动的组织工作。可以说,上至国家层面的体育政策落实,下至社区居民开展的各种体育活动,都可以由社区单位组织和开展。这样一来,社区体育就成为大众健身事业的基础,它的兴衰也就能直接反映出大众体育的开展程度与趋势。

之所以社区体育能成为大众体育中的重要构成环节,在于与城市经济体制改革和城市化道路的不断开拓有关。在此情况下,社区的功能得到持续增加和完善,社区在大众心中的地位不断提高,如此就使得大众的体育利益取向开始向社区偏靠。

(七)学校体育发展迅速

大众体育的参与群体众多,广大学校学生就是其中一个重要群体,这样也就使得学校应当承担起大众体育的责任,成为培养体育人才的摇篮。鉴于每所学校都有属于自身的校园体育文化,使得其特有的体育氛围超过其他大众体育形式。正在学校接受教育的学生正是接受全面教育的阶段,此时给学生树立正确的观念正当其时。为此,学校应把握这一良好时机,大力培养学生的体育健身意识和能力,以此尽早坚定学生的体育信念,并为终身体育的行为打下坚实的基础。在培养相关理念和能力的过程中,学校应当注意的是尽量从培养学生的运动意识和兴趣入手,这才是解决学生毕业就告别体育运动的根本方式。过往的学校体育传授的更多为某项运动的技能,教学方法也较为枯燥,学生学习的主观感受和满意度均较低,以致他们很多人对健身逐渐失去兴趣。这种情况的出现显然对大众健身事业的开展不利。培养体育的锻炼习惯,区别一般学习过程的关键在于要强调养成学生运动健身习惯的过程。为了真正开展好学校体育,除了要改革原有的体育教学模式外,还应将课内外体育相结合,让学生总能感到体育围绕在自己生活的左右,一旦这种习惯形成,就可以根据学生的实际情况提出更高的要求,如此才能使体育意识和习惯不断得到巩固。

(八)大众健身科学化程度将显著提高

随着《全民健身计划纲要》的落实,时至今日已有越来越多的人加入体育健身的行列之中,我国的体育人口也不断增加。然而仅仅是体育人口的增加并不能证明大众健身活动的质量,为此,还需要提升大众体育的科学化水平,以此来保障健身者通过参与大众健身活动,切实为提升自身的身心素质水平带来帮助。由此可见,社会体育的科学化是发展社会体育和提高社会体育活动质量的前提。

为此,国家有关部门发布了《社会体育指导员技术等级制度》和《国民体质测定标准》两项制度,以此期待能将科学技术更好地渗透到社会体育的诸多环节之中,力求让人们意识到运动需要在科学的指导下进行,培养人们科学的、高效的运动方式。为了做到这点,还要在培养专业化的大众体育指导人才上入手,以及提高大众体育组织与管理的科学化水平。另外,还要创新一些科技含量高、适应性强的体育健身方法和体育健身器材,社会体育的信息化水平也要有所提高。这些举措都会为健身者更高效地参与运动提供科学指导。

在确保大众健身的科学化程度方面,我国还努力建立了一套国民体质测试制度,且配套制定了一套适合各年龄段人士的体质监测标准。目前,我国已经对国民体质健康水平进行了几次覆盖性较广的检测工作。通过监测获得的详细数据,对完善国民体质监测网络、建立国民体质测试数据库有很大帮助。这些数据甚至可以作为为大众健身开具针对性更强的运动处方的依据。总的来看,这些举措都会对提高大众健身的科学化水平大有裨益。

(九)大众健身的法制化将进一步加强

我国公民都有享受参加体育运动的权利。随着社会体育的法规制度体系将逐步完善,公民的这一正当权利会得到充分保障。这就要求我国的大众体育工作要实现依法行政、依法治体。

20世纪90年代中期以来,我国颁布了《中华人民共和国体育法》《全民健身计划纲要》《国家体育锻炼标准》《社会体育指导员技术等级制度》《国民体质测定标准》等一系列与体育和大众体育相关的法规或制度。在日后,与大众体育各个方面相关的如社会体育场地设施建设管理、社区体育管理、体育社团组织的建设与管理、社会体育市场建设与管理等领域都会有更加详细的细则予以指导和约束。尽管大众体育的法制化道路还很长,但在"科学发展观"和构建"和谐社会"的时代背景下,大众体育法制化进程势必会越发加快步伐,进而早日实现大众体育的科学发展。

从过去看来,我国大众体育一路走来发展到今天,获得的一些成就也离不开相关法制的保障。例如,劳动工时制度的改革、家务劳动社会化程度的提高、交通越发便捷等都为人们争取到了更多的用于参与大众健身活动的时间与机会。与此同时,国家还特别制定了以青少年为重点对象的健身计划,这更加为儿童青少年参加社区体育和消费性体育活动增加了机遇。在这样的制度保障下,会对目前大众体育参与人群偏向老龄化的现状有所缓解,进而使大众健身参与者的年龄结构更加合理。

综上所述,在我国社会经济、文化等领域的发展不断繁荣的今天,人们拥有更多的闲暇时间和经济能力,这都会为他们健身需求的释放带来可能。为适应这一新形势,大众体育刚好契合了人们的需求,融入到了大多数人的生活,而由此衍生出的大众体育健身市场也将会成为我国市场经济的发展新热点。

二、现代大众健身运动的发展对策

(一)强化各有关部门的职责

要充分发挥各级工会、共青团、妇联、各行业和社会各界的组织功能,提升这些机构参与体育活动组织的意愿和积极性。各级体育行政管理部门也要进行必要的指导和统筹规划,以求大力发展各具优势和特色的地方大众健身事业。行政部门一把手要参与到大众体育组织的工作中去,对其中需要解决的问题做好细致研究。

(二)各级政府增加对大众健身的投入

各级政府要增加对大众健身的投入,并鼓励社会各方力量资助大众健身事业。我国的体育彩票作为一项专门用于发展国家体育事业的资金来源,其中也有部分比例的资金投入到大众健身领域之中。例如,从 2001 年开始,我国体育管理部门就将一定比例的体育彩票公益金用于支援三峡库区、革命老区、老少边穷地区和遭受自然灾害严重地区的公用体育设施建设工程,成果显著,群众反响良好。

(三)加快体育健身场地设施建设和开放

体育健身场地和设施建设是保障大众体育顺利开展的硬件基础。为此,各级政府要在考察地区体育场馆资源的基础上,对有必要建设的体育场馆或设施集中财力与物力予以建设。另外,现有公共性体育场馆和设施要积极向大众开放,满足健身者的运动场地需求和设施服务需求,特别是要将学校体育场馆向社会开放落到实处。

(四)加强相关法律法规的建设

加强体育法制宣传和执法力度,保障人民群众合法的体育权利。积极制定社会体育工作、体育社会团体、体育场地设施建设与管理及保障不同人群参与体育活动等方面的法规制度。在大众体育健身的各项工作中要突出宣传工作的重要性,各级体育部门的相关宣传工作要囊括大众体育健身工作的开展情况、优秀经验和典型事例。有重大活动时更要集中报道,扩大大众体育在群众中的影响力,这是提高群众对大众体育工作知晓率和参与率的关键。

(五)积极推进群众体育科技进步

积极推进群众体育科技进步是大众体育可持续发展的源源不断的动力。这需要在继续开展国民体质检测系统研究基础上,有针对性地研究科学的健身方法和多样化的健身手段。对于那些有利于大众体育开展的研究成果要积极推行,尽早服务于大众健身行为,帮助广大健身者提高健身效益。

(六)加强以学校为重点的青少年体育工作

各类学校要坚持素质教育理念,重视学生的身体健康,确保学生每天拥有不少于 1 小时的运动时间,按照教育性、科学性、趣味性、全面性的原则,坚持寓学、寓练于乐,使学生掌握基本的运动技能,养成锻炼身体的良好习惯。

(七)对老年人、残疾人体育保持关注

充分发挥社区的优势作用,组织开展老年人、残疾人体育活动,并为他们能够参与其中提供便利和必要的服务。其过程中要注意融入民族传统体育项目,少数民族聚居地区的社区则需要发挥民族地区优势,尽力开发适合老年人和残疾人参与的民族体育项目。

第三章 大众健身行为的理论与应用探析

大众健身行为的理论或模型,能从一个角度或程度上对人们的这种行为予以解释并做出相应预测。这些理论或模型的另一个重要作用,在于它能对大众健身的相关研究发挥纽带作用,如果能对其科学运用,则可以提升对人们体育行为干预的实效性。本章着重对健康信念模型、计划行为理论、行为改变理论、社会认知理论进行全面研究,以求对大众健身行为施加积极的影响。

第一节 健康信念模型与应用

一、健康信念模型简介

健康信念模型的提出要追溯到 1958 年,其是由学者霍克巴姆等人提出的。起初所建立的健康信念模型较为简单,贝克尔在之后对其进行了完善,最终形成了健康信念模型体系(图 3-1)。人对于自身健康的保持和提高都非常依赖于锻炼行为,鉴于此,用人的锻炼行为来验证健康信念模型的研究就显得非常合理。健康信念模型的基础是人的各种感知觉、态度、信念等心理活动,对这些心理活动进行干预就可以实现促使人的健康教育模型向着预期发生变化的目的。如此一来,这个模型就能更加准确地从理性上对消极健康行为所带来的结果予以预测,不仅如此,它还能使人们自发地找到一些方式来预防消极健康的不良后果。对于每个人来说,他们都深知健康问题给自身带来的威胁,并且也基本了解预防性健康行为的好处,这样固然能对他们采取预防或控制疾病的行为起到很大的影响。

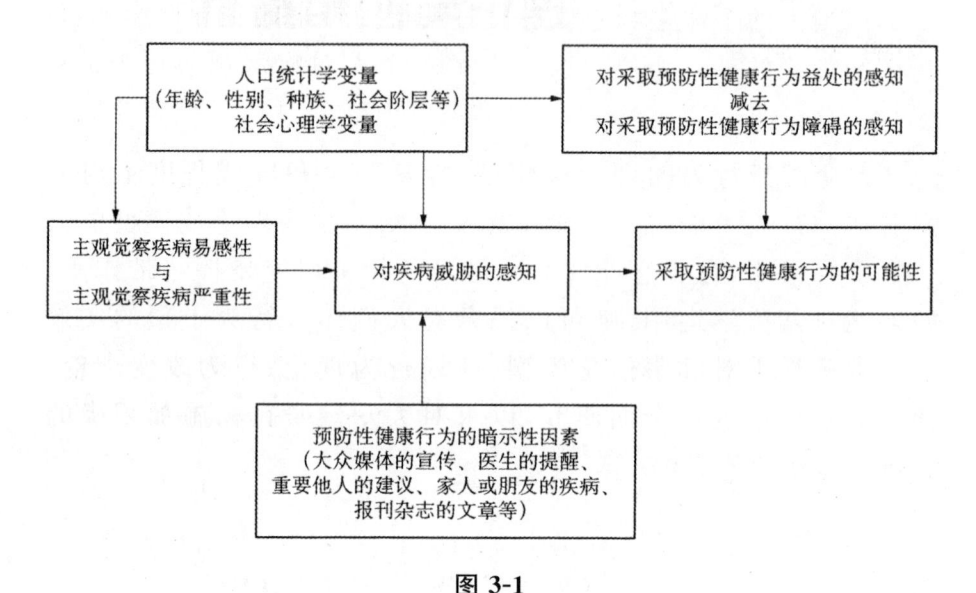

```
┌─────────────────────────┐        ┌─────────────────────────────┐
│   人口统计学变量         │        │ 对采取预防性健康行为益处的感知 │
│ (年龄、性别、种族、社会阶层等)│───────>│            减去              │
│   社会心理学变量         │        │ 对采取预防性健康行为障碍的感知 │
└─────────────────────────┘        └─────────────────────────────┘
           │                                      │
           ▼                                      ▼
┌──────────────────┐    ┌────────────────┐    ┌────────────────────┐
│ 主观觉察疾病易感性 │    │                │    │                    │
│        与        │───>│ 对疾病威胁的感知 │───>│ 采取预防性健康行为的可能性 │
│ 主观觉察疾病严重性 │    │                │    │                    │
└──────────────────┘    └────────────────┘    └────────────────────┘
                                ▲
                                │
              ┌──────────────────────────────────┐
              │     预防性健康行为的暗示性因素       │
              │ (大众媒体的宣传、医生的提醒、        │
              │  重要他人的建议、家人或朋友的疾病、   │
              │      报刊杂志的文章等)             │
              └──────────────────────────────────┘
```

图 3-1

二、健康信念模型的产生背景

最初,健康信念模型的建立目的是从心理学的角度解释与人相关的健康行为的。运用这一模型对人的行为进行解释时主要使用的是"刺激—反应"模式以及认知理论两项心理学领域的概念。

斯金纳首先提出这种学说,这一学说很快便被人们广泛接受。"刺激—反应"模式认为,人们从某个事件中学习后得到的结果是其产生实践行为的心理学动机。人的行为所带来的后果,是决定人进行某种行为频度的关键因素。举例来说,人在作出某种行为后立刻获得表扬或褒奖,那么自然就会激励其在短时间内再次做出这种行为。认知理论非常强调个体的主观假设和期望的作用，它还强调人的行为过程中秉持的思维、推理、假设、期望等各种心理过程，认为行为结果的强化是影响人是否作出重复性行为的核心，而并不是直接影响行为的要素。

健康信念模型最终能够成为一个对人的健康行为做出解释的体系，就得益于其是建立在上述两个理论的基础上。该模型反复强调了人的个体主观心理过程对其行为带来的主导性影响，认可认知理论的基础地位。这里再举一个人对疾病预防行为的例子，人在妄图预防某种疾病时，首先意识到的是衡量健康和预防疾病的价值，然后是认可一些具有促进健康功能的活动对人在维持健康方面的优秀作用，此后再是期望进一步被描绘为个体一个人的疾病敏感性和严重性的估计，以及只有通过采取个人行为才能减少害怕的可能性估计。经历了这样一个过程后，个体预防疾病的行为就被引发了出来。

三、健康信念模型的基本内涵

人决定作出某种行为是一个异常复杂的过程，行为的产生总是会在动机或其他因素的影响下实现。我们知道，早期的健康信念模型相对简单和机械，但在此后不断的完善中吸收了行为心理学和社会心理学的观点，这让该模型逐渐复杂和丰富，理论日益完善，直至在实践中发挥重要功能。

健康信念模型认为，行为的预测基础是个人对结果的重视程度以及个人对某特定行为导致结果的期待。这样一来，人对于疾病态度和知觉就成为其是否产生预防性健康行为的关键因素，并且据此还会对采取行动益处和困难的认知评估。例如，当一个人感觉到自己的体质逐年下降时就会意识到再不采取一些措施，身体健康将会出现大麻烦，参加运动健身活动对改变这种状况最有利，而且家人支持他这样做，他自己也能抽出足够的时间每周健身3次，每次30分钟，那么这样一来，这个人最终能落实健身行为的几率就非常高了。

在健康信念模型的形成早期阶段，人们的知觉更多倾向于感知到疾病的严重性、疾病易感性的威胁、主观觉察的益处和障碍等组成。

四、健康信念模型的结构

（一）对疾病严重性的知觉

人们对疾病严重性的知觉总是在已患有疾病且未接受治疗的情况下产生的。实际上，个体对疾病严重性的知觉是属于众多自我主观感受中的一种，这种知觉最终会带给人们两方面的影响，一是个人对疾病产生的情感反应，二是疾病对个人生活产生影响后产生的感觉。以人的眼部疾病为例来说明，一个人因为患有眼疾而导致双目失明，但如果失明的只是一只眼睛，则就会让人有更多欣慰的感觉。当然，也有人认为只要有眼睛失明，不管是一只还是两只，在情感上都是接受不了的，接下来就会视这个状况为人生转变的标志。还有一点不得不提的是，个人对疾病严重性的知觉除了限于自身的感受外，还包括患病给家庭带来的影响，这同时也会增加个人对患病严重性的知觉。

（二）对疾病易感性的知觉

个人感觉到患上某种疾病的风险程度就是疾病易感性知觉。人的疾病易感性知觉通常表现为三种形式。第一，人们对于可能患上某种疾病的程度认识；第二，人们承认会患上但不会大概率患上某种疾病的可能性；第三，人们完全认识到患上某种疾病的较高概率且能真实感受到其给健康和生活带来的巨大影响。

例如，在香港爆发了禽流感事件，并且临床认定这种原本在禽类中传播的甲型流感病毒会传染给人，并且人在被传染后会出现各种症状甚至因此死亡。面对这一消息，在美国的家禽养殖户可能并不会认为这个事件会波及自身，其原因就在于香港距美国很远。但接下来几天的消息变为,该禽流感开始在中国内地、泰国、印度、土耳其、英国等国家相继出现后,美国的家禽养殖户就会重新认为这次病毒爆发可能会波及他以及他养殖的禽类,这是因为禽流感病毒可以从香港传播到很远的地区,是这个条件的变化让美国养殖户的想法得到了改变。不过,鉴于这种病毒还没有在美国出现,使得美国养殖户即便感到事态在逐渐恶化,但要真的让自己摊上仍旧是小概率事件,直到本次禽流感疫情在美国出现,美国的家禽养殖户才会再次提升事件波及自身的可能性。

(三)主观觉察益处和主观觉察障碍

健康信念模型认为,个人经常会感受到健康行为所带来的好处,但同时也能认识到实现健康行为的困难。个人对这两点的考虑其实是有助于人将潜在行为转化为实际行动的,这就好比是一道关于利益的计算题一样,其过程中,个人会考虑对疾病进行预防能给他的身体带来的好处,同时还会考虑到这能给他的心理也带来何种良好的感受。不过在实践当中,人们还会考虑到实现上述行为的过程中可能会遇到何种困难。

例如,就艾滋病病毒检测工作来说,研究人员推测在艾滋病传播较为严重的地区进行检测可以让当地检测为阴性的人更加安心,同时也能让检测结果为阳性的人尽快接受治疗。但结果却不如预期那样,真正的实情是,让人们接受 HIV 病毒检测这个行为直接给村民带来了障碍,那就是"污名"。通过研究人员与村民的交流可知,在检测结果还没出来之前,接受病毒检测的人就已经被他人怀疑是感染者了。于是,不管测试结果为何,凡是接受了测试的人就遭到了他人的排斥,甚至是遭到家人的排斥。这个案例揭示的问题是,病毒检测固然可以辨别出个体是否感染病毒,从而获得行为预期益处,但是难以消除个人或者家庭担心被污名化的障碍。

(四)行为的线索

行为的线索是指促使个人在遇到特定情况时所做出的举动。

概念中的"特定情况"可以使个人感知到他患某种疾病的概率较高;个人非常恐惧某种疾病;个人对该行为拥有正面看法且在实现上毫无障碍。在实际生活中,能够构成行为线索的情况主要有下面几种。

(1)医生、家人或朋友的言行带来的心理暗示。

(2)报纸、网络等外部信息带来的环境行为暗示。

(3)生理反应或疾病症状等无形或可见的因素所产生的行为线索。

(五)自我效能感

知觉可以为个人决定一个健康行为的过程提供分析基础,这得益于它可以充分感受益处、障碍、易感性和严重性。但仅有这些还不够,而是还需要个人能感觉到他可以突破一些阻碍而顺利实现该行为。就这样,健康信念模型中就加入了自我效能感的概念。

达索曾经对女性对骨质疏松症、结肠癌和乳腺癌的严重性和易感性知觉及自我效能感的作用进行了研究,同时他还做过关于女性在更年期使用激素控制生理和心理状态的行为意向的研究。这些研究的结果最终都指向了自我效能在健康信念模型中的意义与作用。但尽管如此,也并不能否定健康信念模型中的四个核心概念对健康行为方面的解释作用。

如果从更深的角度入手研究健康信念模型的核心概念可知,就个人来说,其是否会为了健康而采取某项具体行为取决于他对疾病易感性和疾病严重性的认识深度,同时个人对益处的知觉提供了行动的首选途径。但过程中某个实践者或某个线索就足以对个人的决策过程构成影响,当然这也会激励个体做好行动前的准备。

健康信念模型组成成分的定义和应用见表3-1。

表 3-1 健康信念模型组成成分的定义和应用

成分	定义	应用
对疾病严重性的知觉	个体对某种状况及其后果严重性的主观认识	强化风险的不良后果
对疾病易感性的知觉	个体对患某种疾病可能性的主观认识	判定人们处于风险中,基于个体的特征和行为作出风险判断,提供风险意识
主观觉察益处	个体对采取行动减少风险和不良后果影响的功效的主观认识	判定何时、何地、如何采取行动,明确期待的积极行动后果
主观觉察障碍	个体对采取行动的生理、心理支出的主观认识	确信并通过再判断、激励和支持减少行动障碍
行动线索	刺激行动的线索	提供"如何做"的信息和暗示,增强意识
自我效能	对自身采取行动能力的自信程度	提供实施行动的训练和指导

五、健康信念模型的测量

(一)体质健康信念量表

在健康信念模型的理论基础上,学者谢红光提出了体质健康信念量表(表 3-2)。这个信念量表已经广泛用于调查和评价大学生的体质健康信念,实际使用当中具有较为理想的信度和效度。

具体来说,体质健康信念量表的核心概念主要表现在两个方面。一个是对相关疾病的易感性与威胁知觉,另一个则是健康信念的知觉利益,由体质评价自我效能(2、10、14、21 题)、知觉疾病与体弱严重(4、6、9、13、24 题)、知觉锻炼益处(5、8、12、15、16、17、19 题)、体质强弱与患病易感性(1、3、7、23 题)、体质评价结果关注(11、18、20、22 题)5 个因子的 24 个条目组成。

表3-2 体质健康信念量表

	完全不符合	不太符合	有些符合	比较符合	完全符合
1. 不锻炼体质健康会越来越差					
2. 体质健康状况不佳时,我会产生锻炼紧迫感					
3. 体质健康状况不好易患上多种疾病					
4. 我对生病有恐惧感					
5. 体育锻炼可以增强体质健康					
6. 每次患病都令我感到后怕					
7. 缺乏锻炼可能会患上某种严重的疾病					
8. 体育锻炼可以预防疾病,延长寿命					
9. 患疾病时我感到对体质健康有严重的威胁					
10. 体质健康状况不佳时,我会克服困难进行锻炼					
11. 体质健康评价是我了解健康的重要途径					
12. 体育锻炼可以愉悦身心					
13. 体质健康差会严重影响我的生活质量					
14. 体质健康不佳时,我能够克服天气、环境等障碍进行锻炼					
15. 体育锻炼可以保持健美					
16. 体育锻炼可以提高生活质量					
17. 体育锻炼是维持体质健康的重要途径					
18. 我很关注体质健康信息的变化					
19. 增强体质健康需要经常参与锻炼					
20. 体质健康评价结果使我了解更多自我健康信息					
21. 即使感到疲劳,我也会依照计划进行增强体质健康的锻炼					
22. 我依据体质健康评价结果判断自我健康状况					
23. 体质健康差使我有可能患病的担忧					
24. 体质健康差使我感到后果严重					

(二)运动健康信念量表

学者王俊明提出并亲自校验了运动健康信念量表(表 3-3),这个量表由知觉从事运动的障碍、知觉从事运动的利益、行动线索、疾病的威胁、采纳建议从事运动的可能性 5 个部分组成,具体如下。

表 3-3 运动健康信念量表

		非常不同意——非常同意				
		1	2	3	4	5
知觉障碍	1. 我没有足够时间					
	2. 缺乏交通工具					
	3. 没有运动场所					
	4. 我从事的工作不适合					
	5. 家务会影响规律运动					
	6. 缺乏运动同伴					
	7. 运动伤害					
	8. 气候不佳					
	9. 自己没有意愿					
知觉利益	10. 减轻体重					
	11. 使内心感到舒畅					
	12. 使身体强壮					
	13. 增强身体活动力					
	14. 可以认识更多的朋友,促进人际关系					
	15. 可以改善自己的健康					
	16. 可以感到更有活力					
	17. 从事规律运动可以缓解精神上的紧张					
行动线索	18. 医生的建议					
	19. 电视广告的宣传					
	20. 朋友的劝告					

续表

		非常不同意——非常同意				
		1	2	3	4	5
行动线索	21. 家人的劝告					
	22. 家人的疾病经验					
	23. 朋友的疾病经验					
	24. 报纸杂志中的健康信息					
	25. 觉得身体状况不佳					
疾病威胁	26. 心血管方面的疾病					
	27. 肥胖症					
	28. 关节炎					
	29. 癌症					
	30. 抑郁症					
	31. 糖尿病					
	32. 记忆力减退					
运动可能性	33. 受配偶的影响					
	34. 受父母的影响					
	35. 受兄弟姐妹的影响					
	36. 受小孩的影响					
	37. 受医师的影响					
	38. 受朋友的影响					
	39. 受工作伙伴的影响					
	40. 受运动指导者的影响					
	41. 受孙子的影响					

六、健康信念模型与锻炼行为

健康信念模型认为，如果人没有锻炼动机、了解危害健康的疾病或足够的健康知识，就不会主动参与以保持和增进健康为主要目的的体育锻炼。其中,最能促使人产生运动锻炼行为的就是自我认识到了自身存在的或可能存在的健康隐患,抑或是外界环境对自身健康产生的威胁,再或是认可锻炼行为对健康问题予以解决的功能。

七、健康信念模型的应用

健康信念模型可以解决的实际问题主要有两个,一个是指导以行为改变为目标的健康教育;另一个是指导健康促进活动时可能出现的诸多问题,其中可能涉及的问题,如何在调动个体自我效能的基础上维持人的行为;如何让人意识到疾病对健康带来的危害,认为威胁确实是具有严重性的,且采取哪种方式能缓解由此带来的一系列困难;采取哪些方式设计出最适宜的行为激发物或激发事件。

个体对体内外环境刺激的感知都是具有显著性特征的,鉴于此,不管从主客观的哪个角度出发都能给予感知和实际效果以影响。主客观因素相比的话,主观因素带来的影响更为明显。另外,不同的人其兴趣、需求、动机、价值观等也不同,人们对待同一个事物也会有不同的感知。如此的话,在给健康教育与促进活动中制定的计划时要注意秉承区别对待的原则。

八、健康信念模型评价

健康信念模型自建立以来,在对人的多种锻炼行为的预测中都表现得较为理想,但时至今日,其发展的研究结果仍未达到一致性要求,如此也造成了尽管一些人的锻炼行为良好,却依然患病要接受疾病诊断和治疗。

本质上讲,健康信念模型关注的侧重是人们对疾病的知觉,如果学者将健康信念模型的测量工具直接应用于锻炼和体力活动领域,自然获得结果是会有偏差的。之所以出现这种偏差,在于除了减少患病的几率外,人们参与体育锻炼还有其他的原因。所以,只是用健康信念模型来对人的锻炼行为进行预测的话,结果出现差异也就是非常正常的现象了。

第二节 计划行为理论与应用

计划行为理论是由亚森提出的,此理论是建立在早期合理行为理论基础上的。对比来看,合理行为理论认为个体的锻炼意愿对其锻炼行为有一定的预测作用,而决定锻炼意愿程度的因素是个体锻炼态度及其对周边人对他看法的一种主观判断。而计划行为理论中也包含许多合理行为理论的论点,并加入了感知行为控制的理论。这样一来,这两种理论就构成了一种递进关系。本节就分别阐述这两种理论的情况。

一、计划行为理论概述

(一)合理行为理论的结构

合理行为理论的应用场合主要为个体决策制定的角度理解和预测社会行为等方面。该理论的观点为,作为最好预测因子的行为意图,是由人对行为的态度和主观规范所决定的。如图 3-2 所示就是合理行为理论的基本框架。

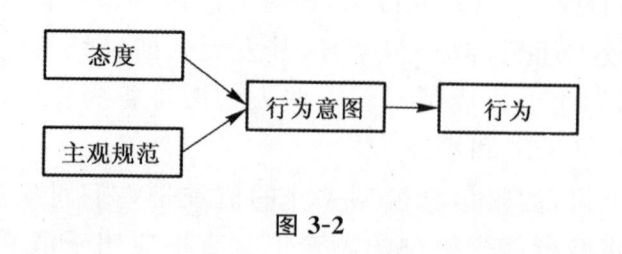

图 3-2

第三章　大众健身行为的理论与应用探析

行为意图,是指个人在处于某种情况时为可能做出的某种行为的计划以及期待在这个行为上付出多少。行为意图反映的是个体对某种行为的意愿和为此进行的投入程度。例如,当一个人有着非常强烈的想去参加游泳运动的意图后,那么他真的去游泳的行为就可能大概率发生。然而,人的行为意图有时会因为环境或条件的变化而发生变化,这可能是意图变弱了,也可能是直接消失了。如果以行为意图来作为某种行为出现的支撑的话,那么就很容易出现受到不同因素的影响而改变其强度的情况。再如,原本期待用跑步的形式锻炼身体的人,在坚持了几个月后对跑步这项相对有些枯燥的运动兴趣降低,同时忽然发现太极拳也有很好的锻炼效果,并且自己也对太极拳更加喜爱,如此就出现了改变锻炼方法的行为。从本质上来说,出现这种行为的原因在于这名运动者在想要以跑步作为锻炼身体的项目前,并没有预测到厌倦感会对其锻炼意图产生影响。

对行为的态度是指个人对自己或别人做出的行为的评价。例如,个人认为健身活动对自身的身心健康是有绝对益处的。研究表明,一个普通人对锻炼持有的态度,是认为锻炼可以完善体形、愉悦心理、增进健康和加强社会联系。

主观规范是指个人对从事该行为所感知到的社会压力。对主观规范产生影响的因素有几种。第一,具有一定影响力的他人的主观期望;第二,具一定影响力的团体主观期望;第三,个体顺应这些对自身具有影响力的他人或团体的主观期望的动机水平。简单以举例来说明,一个人并不关注且不认为大众健身行为的意义,但当他和与自己接触较多且信服的人在一起沟通后发现他们都能从中得到好的收益,并且也劝导他应该尝试,当这种情况出现过几次后,这个人就可能动了也想参加大众健身活动的念头,直至从身体上落实这一念头。

合理行为理论的论点认为,若个体对某项活动给予了积极性评价,并且对他能产生一定影响力的个人或团体也认为他能从中获益,那么他真正将这一想法落实到行动上就是一件大概率事件了。还是以刚才的跑步锻炼为例,当个人的这一意图非常强烈的时候,认为跑步的确能带给他身心上的健康促进功能,而且朋友或家人还非常支持他的这一想法,那他就很可能真的去跑步健身。该事例揭示的是个体如果有意图就可以实施行动,但决定其这种意图最终能否成行的因素还有客观上的,如恶劣的天气、糟糕的锻炼环境、工作太累睡眠不足等。这样的话,即使个体想要跑步的意愿没有减弱,他人对他的支持也依旧如此,但个体仍然无法将意愿落实在行动上。

还有一点,如果只是按照合理行为理论的说法,即行为意图决定行为,那么对于上瘾性、习惯性和无意识等行为就难以做出较好的解释,而这绝对是该理论中存在的一个重大缺陷。从现实中来看,上述三种行为在人身上的出现并不罕见。当然,一些有上瘾行为的人也不想因此获得消极结果,但仍旧对不良行为难以割舍,如抽烟和酗酒上瘾的行为,个体未尝不知道由此给自身和家庭带来的危害,更何况因此还会浪费不少金钱,但依然顶不住这些东西的诱惑。不仅是这种情况,合理行为理论对于人们如早晨起床先洗漱再吃早点等习惯性行为也不能做出很好解释。

此前,曾有一些研究者期待将合理行为理论运用到人的锻炼行为研究中,结果显示尽管该理论对识别隐藏在锻炼行为背后的决策过程能够起到一些作用,但在判断人的锻炼行为上的价值并不如预期。此外,关于态度和主观规范对行为意图产生预测作用的结论并未达到一致性要求,其原因在于,在其中,人的过往经历和锻炼习惯等因素都会对其行为意图产生影响。正是因为合理行为理论对人的行为的预测作用并不理想,亚森和墨德才又在这一理论的基础上提出了计划行为理论。

(二)计划行为理论的结构

计划行为理论是合理行为理论的一种升级,确切地说是对合理行为理论中存在的缺陷的一种补足。计划行为理论认为对行为的预测来说,并不能只关注人的意图,其中还有其他的因素也构成对行为的影响。例如,随着意图和行为之间时间间隔的增加,意图会随着新信息的接受而发生变化,如此就削弱了意图和行为之间关系的紧密度。

将这两种理论对比可以发现其不同之处在于,计划行为理论认为人们作出行为决定的基础是行为的信息和信念及其所期望的行为结果,这样看来行为意图就不是唯一决定行为的预测因子。为此,亚森就在合理行为理论中加入了一个"知觉行为控制"的新概念,并将融入了新概念的理论命名为"计划行为理论"(图3-3)。

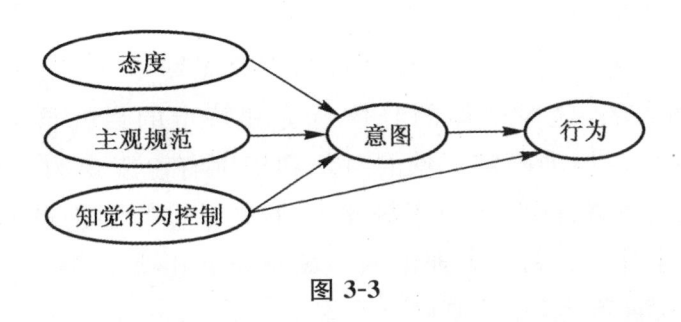

图 3-3

知觉行为控制是指人对自己的行为能力及是否有机会选择行为的主观知觉,它能直接决定行为。不仅如此,它还和态度、主观规范等一同决定行为意图。计划行为理论认为,个体越能感知自身的行为控制,就越能实现行为。计划行为理论重视态度的动机作用,并且对外因通过内因起作用的实施予以充分考虑,它还将客观环境因素(如榜样的作用)等的作用体现在了主观规范和知觉的行为控制之中。这就很好地说明了,要想激发大众参与健身锻炼的动机,首先就要树立起他们正确且迫切的健身态度,其次要打造出一个全社会都予以支持的舆论氛围。

图3-3展示的是态度、主观规范和知觉行为控制三个变量同时对意图的预测。计划行为理论预测,当人认为自己获取了足够多的资源和机会后,就认为阻碍他们行动的事物会减少,此时他对知觉行为的控制感就越强。例如,假设一个人对锻炼的态度与

主观规范标准越积极,控制锻炼参与影响因素的知觉行为控制感就会越显著,锻炼意图也会随之增强。

二、计划行为理论的应用

将计划行为理论的观点引入个体水平的行为健康教育理论中的优势,在于可以通过主观规范考虑社会因素的影响,并且可以以访谈和概念模式相结合的方式找到个体行为的信念。此后,理论框架构成要素因果关系假设一旦被确定,即可开始测量和计算。计划行为理论对解释具有较低意志控制个体的行为意向和行为是最为适用的。

从整体的角度上来看,计划行为理论无疑是拥有绝佳的解释力和预测力的,这对个体的具体行为和特定的目标群体最为受用。它还可以协助确定干预的对象和识别有说服力的劝导信息,这对众多研究和行为干预来说都是非常理想的理论基础。具体来说,适合引入计划行为理论的领域有如下几项。

(1)饮食行为,如控制膳食平衡。

(2)成瘾行为,如戒除网瘾、毒瘾、烟酒瘾等。

(3)身体锻炼,如有计划地参加健身走、健身跑、登山、游泳等健身运动。

(4)临床医疗与筛检行为,如定期常规体检、癌症筛检、体质测量等。

(5)计划生育和性传播疾病预防工作。

(6)安全保护行为和卫生领域。

三、计划行为理论的评价

总的来看,合理行为理论和计划行为理论两者拥有的共同优势,是它们都允许研究者根据不同因素有一定的自行设计量表和直接测量的自由灵活度。此外,这两种理论也是目前能给予预测体力活动和锻炼行为最为恰当解释的理论模型。

然而这并不能说明计划行为理论就没有缺陷，它的最大缺陷就在于它所拥有的一定局限性，这些局限性主要体现如下。

（1）计划行为理论没有考虑个体过往的运动经历、人格和人口统计学等因素。

（2）计划行为理论着重关注的是个体的态度、主观规范和知觉行为控制等变量对行为意图形成的预测机制，但基本不涉及对这些认知变量如何真正促使行为发生变化，以及如何保持改变后的行为不再退转等的解释。

（3）行为意图与真正的行为仍旧是两种属性，现实中经常会有个体虽然产生了足够强烈的行为意图，但最终并不一定落实到行动上的情况。如此又该作何解释？

（4）大部分行为方差可以通过计划行为理论获得解释，但还有很多行为方差是无法获得解释的。例如，在现实中的一些个体，尽管有相同行为意图和知觉行为控制，但他们的真实行为表现可能会千差万别。如此看来，在行为意图和行为之间还可能存在一个中介变量。

第三节　行为改变理论与应用

一、行为改变理论概述

（一）行为改变理论的发展背景

健康心理学家非常热衷使用行为改变的阶段理论来解决健身运动行为改变中出现的各种问题。行为改变理论的观点为，时间的流逝会给行为带来变化。从根本上看，其所描述的变化发展过程是一种阶段性质的模式，即当某阶段的变化结束后就自然会进入到下一个阶段的变化。

行为改变理论更加关注大众参加健身活动的动机,以及当第一次遭遇失败后想要再次尝试的心理变化与动机,并且将坚持参加大众健身运动看作是一个完整的过程,同时对运动者的健身行为的改变过程也进行了五个阶段划分。通过影响锻炼行为阶段变化的心理因素,对其动态变化过程进行解释、说明和预测,并对个体加以干预,使其可以对健身行为经历一个毫不关心→有点兴趣→准备参与→最终参与的行为过程转变。这一模型中存在着一个"变化概念"的概念,这一概念不仅为研究者认识锻炼行为的心理影响因素和随着阶段变化而逐步变化的模式给予了更清晰地认识,还为不同锻炼需要和不同锻炼等级的个体制定了适宜的行为干预措施。

(二)行为改变理论的结构

行为改变理论认为要想使个体行为得到改变,固然要经历前意向阶段、意向阶段、准备行动阶段、行动阶段以及维持阶段这五个阶段(图 3-4)。对该理论模式的研究结果揭示了有些人不能实现预期的健身目标的原因为高估了自身对改变的接受程度,为此,就特意在行为改变理论中加入了一个第六阶段,即反复阶段,如此就能展现出个体将保持新行为失败的过程。这无疑是更加合理和更符合现实的。

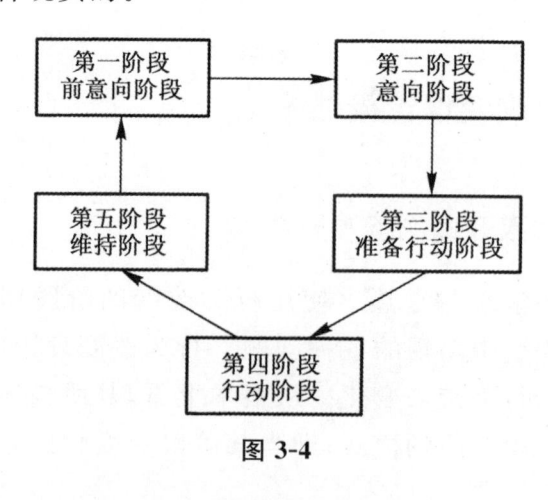

图 3-4

第三章　大众健身行为的理论与应用探析

1. 前意向阶段

前意向阶段，简单说就是在还没有行为意向出现之前的阶段。此阶段中的个体在行为上肯定处于不运动的状态中，并且也没有想过改变这种习惯和状态。从思想上，此时的人也不认为自己的这种状态有什么不好，如此自然不需要做出什么改变，这样的话，个体也不会因为任何理由而忽然改变对运动的意识和行为。

个体停留在前意向阶段的原因有二：一个是个体对健身的价值和意义没有一个深刻的认识，或是直接不同意运动促进人体的观点；另一个是个体认可锻炼有益健康的观点，但高估的困难因素阻碍了他们锻炼行为的产生。为此，要想将处于这一阶段的个体参加健身活动的意向激活，就需要将"我需要做这件事情吗？"的语言植入到他们的意识中，从而逐渐增加他们关于运动效益的信息量，这也能引导他们对运动行为的产生可能带来阻碍的困难重新评估。

2. 意向阶段

当个体来到意向阶段后，意味着他们此前的想法已经出现了变化，这是导致之后他们行为改变的开端。在意向阶段中，个体的行为还不会出现改变，改变的只是对"参与运动"意识的从无到有，并且他们也基本确定了锻炼行为给自身能带来的好处。实践中，他们最大的表现可能为格外关注与健康相关的电视节目或讲座，也可能是对朋友或家人给他提出的行为改变建议更加认同，更有些人还会期待搜索一些相关知识做前期学习，以此进一步确定自己意图的改变是正确的。

因此，对处于意向期的个体就可以更多以"尝试一下！你会喜欢它的。"等语言作为引导，并且还要不断向他们灌输参与健身运动的多方面益处且提供给他们一个付出行动的方便机会，以及说服他们做一个短期且容易达到目标的健身计划。

3. 准备行动阶段

当个体由意向阶段继续发展后,就进入到准备行动阶段中。当进入这一阶段后,代表个体已经为行为的改变做好了准备,并且会为行为的改变创造各种必要条件,如制定了更加完备的运动计划,购买服装或器材等运动装备,甚至进行一些适应性活动等。尽管此时的个体已经对锻炼所带来的积极影响有了非常肯定的态度,且参与动机也最为明显提升,但此时仍旧有一些不稳定的心态和因素存在。

因此,在准备行动阶段中,要向个体传达"我已经准备好了"的意识灌输,之前注重强调的"健身的益处"等的意义已经不再大了,要将意识灌输的重点放在让他们知道一些基础的运动知识以及不同运动形态的趣味点上,这样才更能借助好个体此时对运动知识的兴趣和动机的提升,以此克服可能存在的由不稳定因素和运动障碍导致的行为改变失败的情况。

4. 行动阶段

行动阶段是个体根据具体计划做出的真正行为改变的阶段。普罗恰斯卡和迪克莱门特指出,行动阶段强调的是个体的自觉性行动,如此来实现改变了的行为。此阶段中对个体提出的要求为持续做出行为的改变并予以巩固,绝对摒弃掉过去的想法和行为。一般情况下,行动阶段要维持六个月的时间,这样才更有利于行为的巩固,进而才可能转入到下一阶段。在行动阶段,个体的锻炼行为至少要达到最低水平,即每周进行不少于30分钟锻炼时间的锻炼3次或以上,锻炼的强度至少要达到中等水平。这些标准是绝对不能打折扣的,如果松懈一点点,就可能给更大的松懈敞开大门。当然,对于一个初始参加锻炼的人来说,的确需要付出很大的毅力和体力支持运动行为的继续。

因此,对处在这一阶段的个体应灌输的意识为"你做得对,坚持下去"。这会进一步提升个体的运动动机强度,给予其认可也可以不断增加其自信心和意志力,帮助个体克服影响运动行为的障碍,为其运动行为进入下一个阶段做好准备。

5. 维持阶段

维持阶段是行动改变过程的最后一个阶段。理论上讲,和上一阶段相比,个体不必再将较多精力放在监督和关注新行为的落实上。这是因为通过将近半年的或更长时间的行为巩固,个体基本已经习惯了新的行为,此时的行为已经不必太过专注于监督落实上。但尽管如此,在维持阶段也不是完全可以"放心"的,个体的兴趣和运动意图还是存在转移或是阶段降级的情况。因此,为了巩固来之不易的行为改变成果,仍旧需要不断强化锻炼的价值。在一些有关健康行为改变的研究中认为,在维持阶段初期,还是会存在一些难以继续坚持运动行为的情况出现,如本来已经坚持4个月或半年的运动者忽然难以再继续坚持了。因此,对处于这一阶段的个体的意识灌输应为"我现在不要停止"等用于维持巩固的语言类型,以让个体更加认可自己的行为,确认这一行为的正确性和重要性,而且适当的奖励也是维持他们继续行为的必要方式。

处于维持阶段的个体有时会因为某些因素的影响倒退回过去的旧行为习惯,在行为改变理论中将这种情况称为"反复阶段"。事实上,反复阶段的存在也是正常的,这是行为改变的一部分,但并不能将这种阶段纳入到正常的阶段划分中。这里的行为反复可能会使个体回到行动阶段或是准备阶段,然后从这里再出发制定新的运动计划等。有些人还可能回到意向阶段,重新考虑是否继续已经坚持了很久的运动健身行为。甚至还有少数人会直接回到前意向阶段,并最终放弃运动行为的想法和努力。

二、行为改变理论的测量

行为改变理论是普罗恰斯卡和迪克莱门特于 1983 年正式提

出的,此后过了 9 年,马库斯团队针对测量变化阶段开发出了《锻炼行为变化阶段分量表》。马库斯团队在此后的研究中还开发出了测量阶段变化模型其他组成因素的量表,而这些量表又被其他相关领域的学者继续补充和完善,使之在实用性上不断获得提升,直至成为现今有着广泛使用度的《均衡决策分量表》(10 个条目)和《变化过程分量表》(30 个条目)等。

举例来说,研究者要想对被试者的锻炼变化阶段进行测量,首先就要明确规律性锻炼的定义,即每周参加每次不少于 30 分钟的锻炼达到 3 次或 3 次以上,且锻炼强度不低于中等强度。然后,就可以要求被试者按照表 3-4 将自己的锻炼行为予以对比。

表 3-4 测量锻炼变化阶段

1. 请您指出下列哪一种叙述与您现在的锻炼水平最为接近?
A. 是,我锻炼,并且已经持续了 6 个月以上。(维持阶段)
B. 是,我锻炼,但没有持续超过 6 个月。(行动阶段)
C. 我偶尔参与一些锻炼,并打算从下个月开始进行规律性的锻炼。(准备行动阶段)
D. 不,我不锻炼,但考虑在 6 个月之内开始规律性锻炼。(意向阶段)
E. 不,我不锻炼,在今后 6 个月之内也没有要开始锻炼的想法。(前意向阶段)

三、行为改变理论的应用

能够让人的行为发生改变的因素主要是针对事物或观点上的认识,但认识并不是引发行为改变的唯一原因。当个体处于某些环境下或遇到特殊因素的时候,即便一些行为已经出现了改变,也有可能退化回原来的状态。这种情况就说明了个体的认识还会因受到习惯、环境等因素的影响而发生变化,造成认识与行为脱节。出现这种脱节现象与缺乏严格的行为练习有关,要想让人能顺利按照步骤一次次地进入下一个行为改变的阶段,就需要让他们对某种行为的不同阶段多次重复地学习,从而

第三章　大众健身行为的理论与应用探析

不断巩固他们应该做什么和不应该做什么的认识,如此就能使一开始需要投入不少意志力才能坚持下来的行为最终转化为一种自然的习惯,也只有这样,才能真正算是让人养成了积极锻炼的意识和习惯。

1990年,萨利斯和霍沃尔提出了大众健身运动行为的动态模式概念。这个动态模式概念是以参与和坚持大众健身运动的全过程为立足点的,据此他们将参与大众健身运动分为不锻炼阶段、参加锻炼阶段、坚持或退出锻炼阶段、恢复锻炼阶段,如图3-5所示。

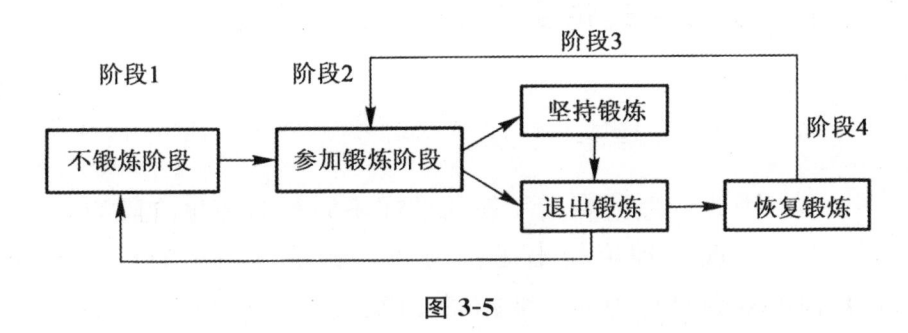

图 3-5

学者尹博抽取了6607名大学生作为样本,来研究他们体育锻炼行为改变的情况。研究发现,在每个变化阶段上的大学生人数都普遍呈现出一个"倒U形"的形态,且不论在何种环境和条件下,这个形态都相对稳定地出现。其中,被试大学生在不同变化阶段上展现出了明显起作用的变化程序不同的特点,这一结果和过去一些学者的研究结论有所不同,由此可以展现出我国大学生体育锻炼的一些特性,同时这也是对研究者可以根据不同的变化程序来实施相应的干预措施的一种有益提示。

学者孙福成等人也做了一项调查。该项调查随意选择了296名大学生参与,以了解行为改变理论对他们课余体育锻炼的指导作用。调查结果认为,大学生更多分布于行为改变理论模式阶段的行动准备阶段之中,处于其他阶段的按数量多少进行排列,依次是意向阶段、行动阶段、前意向阶段和维持阶段。研究还发现,同为大学生,但男女学生在分布阶段上存在差异。其中,男生更多分布在行动准备阶段、行动阶段和维持阶段,女生则更多分布在前意向阶段和意向阶段。而从实际当中也不难发现,参与体育运动的大学生还是以男生为多数的。

通过上述结果可知,分布在行动准备阶段的人最多,随后的人数占比向两边各阶段依次减少。此外,在进一步分析男女生的差异后发现,女生倾向于在行为改变理论中的前两个阶段,这就决定了女生对体育锻炼的兴趣通常低于男性,现实中也是这样表现的,这一问题应引起有关部门的重视。

四、行为改变理论受关注的原因和不足

(一)行为改变理论受到关注的原因

(1)行为改变理论囊括了任何处在不同行为变化阶段的人。

(2)行为改变理论指出了行为变化总是以动态的形式出现的,其他因素会对行为的改变构成影响。

(3)行为改变理论认为不同的过程影响个体的行为变化状态,它为进行与行为变化状态相适应的锻炼干预提供了理论指导。

(4)行为改变理论强调除行为外,其余结果都可能会因为行为的变化而变化。

(二)行为改变理论的不足

行为改变理论的不足主要可以体现在如下四点。

(1)行为改变理论是描述型理论,而不是解释型理论。

(2)没有足够的、一致性的支持性证据证明行为变化不同阶段划分的合理性。

(3)对于行为变化过程和变化阶段之间关系的证据不够清晰。

(4)行为改变理论没有纳入调节变量到考虑范围之中。

第四节 社会认知理论与应用

社会认知理论是由班杜拉首先提出的。这一理论的主要观点为人的行为、个人因素和环境因素三者共存于一个互为因果关系的三角形中,且任意一个因素都会和另外两因素发生作用。在此之后,班杜拉的自我效能概念更能描述个体如何形成对自身有无完成一项特殊行为能力的认知。本节就主要对社会认知理论及其在指导实践上的应用进行分析。

一、社会认知理论概述

(一)社会认知理论简介

为了给人的行为构建出一个因果关系模式,班杜拉提出了社会认知理论,认为人的行为是由环境因素、个人因素、行为因素三者的交互作用共同决定的,三因素彼此间互为因果。鉴于此,社会认知理论也被称为"交互决定理论"。

环境因素、个人因素、行为因素之间的交互作用可以如图 3-6 来直观反映。

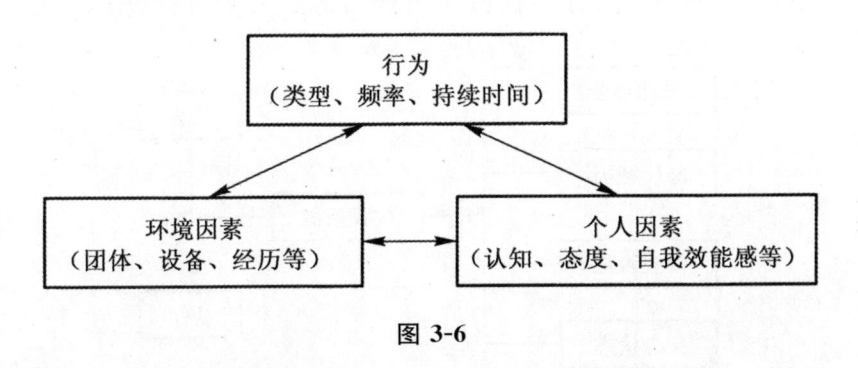

图 3-6

（1）个体因素与行为之间的交互决定关系。个体的认知、态度、自我效能、动机等内部因素会对其行为的方式和方向构成影响；行为导致的内外结果，反过来也会影响人的思维或情绪等。为此，要想对个体因素或行为中的某一要素进行调整，也可通过对另一要素加以调整来实现。

（2）个体因素与环境之间的交互决定关系。能够对个体性格发展结果的主体能力和性格构成影响的主要是环境中的社会化因素；反过来，个体因素也能凭借主体能力和特征引发或者激活环境中的各类反应。

（3）行为与环境之间的交互决定关系。环境作为现实条件，可以就个体对环境的改造带来制约作用，这就注定了人在对环境的改造过程中可能会遇到阻碍，如此也更能使被改造的环境更适合人。环境并非一个僵化的实体，它对个体行为的影响通常是以固定的方式进行的。但鉴于环境的潜在性特征，其要想对人的行为构成影响，就需要人的行为来加以激活。

（二）自我效能理论简介

自我效能的概念是由班杜拉提出的。该理论认为，自我效能是一种主体性因素，同时它还是一种介于动机和行为中间的因素，是行为调节的心理机制之一，其对个体行为有一定的激发作用。

以自我效能理论为基础，可以总结出个体行为会因成功体验、替代经历、口头说服、身心状态这四种因素而发生改变（图3-7）。

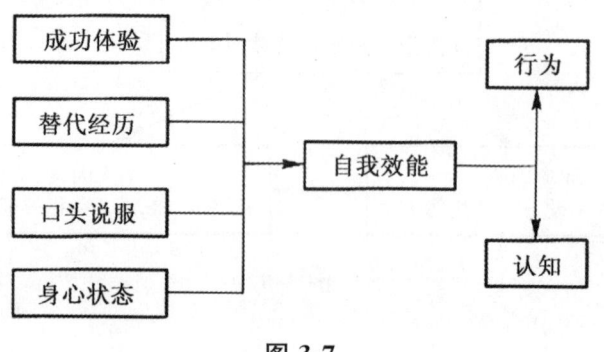

图 3-7

1. 成功体验

个体的成功感觉是提升自我效能感的重要条件。获得成功感的方式简单来说,就是让个体成功完成某项任务,当其完成后,就会形成自己具备完成这项任务的能力的想法。

班杜拉认为,个人成功体验的程度以及成功与失败的感觉,都会成为影响自我效能感的因素。

2. 替代经历

当个体了解到与自己能力、经历、阅历、背景等要素相仿的其他人成功完成某项任务后,也会产生自己同样具备这种能力、完成这项任务的想法。

3. 口头说服

口头说服与其他形式相比其能量偏小。不过,如果是对那些坚信只要坚持就可以成功的人来说,口头说服对其自我效能感的影响甚至更强。

4. 身心状态

个体的生理状态像成功体验、替代经历和口头说服一样,本身并不是显示自我效能水平的指标,但如果个体对生理状态有一个正向的、积极的主观评价,那么也是可以增强自我效能感的。例如,对于心跳加速的理解,如果个人将其理解为紧张、恐惧、身体虚弱后出现的情况,那么这种情况无疑会降低个人的自我效能;但如果将其理解为已经做好了充足的热身,身心已经进入了状态,那么这就又会提高个人的自我效能。

二、社会认知理论的测量

(一)自我效能量表

自我效能量表是由联邦德国的马蒂亚斯和拉尔夫博士于

1979年提出的。该量表提出的目的在于客观评价个人的总体自我效能,预测个人应对日常烦恼和面对紧张事件的具体状况。这个量表一经提出就被翻译成26种语言,并广泛用于实践测量。

自我效能量表所针对的对象主要是成年人及不低于12岁的青少年。每个问题中的"完全不正确""还算正确""多数正确""完全正确",依次评分为1~4分。被调查者完成表格的时间限定在4分钟之内。全部10个问题项目的评分之和代表该量表的最终评分,评分范围为10~40分。具体的量表内容见表3-5。

表3-5 自我效能量表

	完全不正确	还算正确	多数正确	完全正确
1. 如果我努力去做的话,我总是能够解决难题				
2. 即使别人反对我,我仍有办法取得我所要的				
3. 对我来说,坚持理想和达成目标是轻而易举的				
4. 我自信能有效地应付任何突如其来的事情				
5. 以我的才智,我定能应付意料之外的情况				
6. 如果我付出必要的努力,我一定能解决大多数难题				
7. 我能冷静地面对困难,因为我信赖自己处理问题的能力				
8. 面对一个难题时,我通常能找到几个解决办法				
9. 有麻烦的时候,我通常能想到一些应付的办法				
10. 无论什么事在我身上发生,我都能应付自如				

(二)特定性的自我效能测量量表

美国斯坦福大学的凯特·罗伊格教授与团队成员编制了《规律锻炼自我效能量表》,该表的功能为测量人们体育锻炼的自我效能,以期测量人们参与各类活动时的自信程度。

自我效能测量量表包含三个题项,评分以三个题项的单项分数平均值来确定,分值范围为0~10分,人们选择的分数越高说明自我效能越大。该量表中的三个题项必须全部有分值选出,缺失一个则量表失去可信度。表3-6即为规律锻炼的自我效能测量量表。

表3-6 规律锻炼的自我效能测量量表

您有多大的自信心能……	
1. 进行轻微的肌肉力量和伸展性锻炼,每周3~4次(如举重、大幅度的肢体伸展)	毫无自信 1 2 3 4 5 6 7 8 9 10 完全自信
2. 进行耐力锻炼,如散步、游泳或骑自行车,每周3~4次	毫无自信 1 2 3 4 5 6 7 8 9 10 完全自信
3. 锻炼且不加重您现有的症状	毫无自信 1 2 3 4 5 6 7 8 9 10 完全自信

三、社会认知理论的应用

大众健身运动坚持性领域的研究表明,自我效能在大众健身运动意图的形成、大众健身运动行为的激发、大众健身运动坚持性等方面都发挥着重要的作用。为了改变人们习以为常的"懒惰"生活方式,首先就要让他们坚信自己有能力养成日常健身的习惯,并且要让人们日常健身的干预计划与效能感水平相一致。事实也证明了,如果人们在参与大众健身活动中不能有效激发自身的效能感,那么他们从活动中获得良好效益的期待也就随之降低了,最终导致的结果就是决定放弃参与大众健身活动。

个体在生活中经常会因为遭遇来自社会的、个人的以及情境等方面的困难而改变他们参与大众健身活动的意愿,此时为了维持住这一意愿,就需要个人有足够的自我调节效能,否则则难以继续坚持,最终导致放弃参与。

四、社会认知理论的评价

社会认知理论中对自我效能感的解读,认为其是一种对个体行为进行有效分析的手段。该理论实际上已经在众多领域中有所运用,且能发现它更容易反映出自我效能感和行为结果之间的关联。

单纯从概念角度出发,个体行为的社会认知理论有很大的说服力,但这种说服力很难用什么方法获得验证。但如果稍微灵活一些,尝试用另一个角度来看的话,由于自我效能感的概念不断得到完善性研究,再加上它本已在众多领域有所应用,结果也都印证了其在解释、说明和预测锻炼行为方面的确显示出了作用。于是乎,这样就足以说明自我效能感是解释行为结果的核心概念的事实。

一些研究显示,自我效能感能相对准确预测出的多是那些有挑战性或新异性等特征的锻炼行为,一旦锻炼行为转化为一种自动化技能后,自我效能感给个体行为带来的影响就会减弱。简单来说,如果个体的运动行为远离了运动行为改变的早期阶段,并已经让运动成为一种习惯,那么此时个体的锻炼行为就基本不受自我效能感的影响了。

第四章 锻炼心理学视角下的大众健身行为探析

人们在大众健身行为中总是会伴随一些心理活动,如果能准确把握人的锻炼心理,就能从更加精准的点入手激发运动者的运动热情和积极性,也能鼓励正处于观望期的人群下定决心参与到运动健身活动当中。为此,本章就对大众健身的认知、动机激发以及情绪效应这三方面进行研究,以期为人们的大众健身行为的发生和巩固提供理论支持。

第一节 大众健身与认知

一、大众健身影响着儿童青少年认知发展

全民健身的理念要求始终以"健康第一"作为主要指导思想。在这一思想的引导下,要鼓励广大群众,特别是儿童青少年参与到多种体育活动当中。学校也应将全面提升学生体质作为一项重要工作来抓,学生的体质健康状况也应成为评定学生质量的要素之一。为此,学校应全面实施《国家学生体质健康标准》,深入开展"全国亿万学生阳光体育运动",确保学生在校期间每天有至少1小时的用于运动的时间。儿童青少年的体质状况得到改善是一件利国利民的大事,它承担着国家建设和民族复兴的重要使命。

儿童青少年时期是其身体生长发育的一个高峰期,且这也是他们心智提升幅度较大的阶段。不仅如此,在这一时期,他们的生理和心理的发育还是有着紧密关联的。众多实践已经证明了儿童青少年的感知觉、情绪、自我认识与态度等认知方面的因素对其健康成长起到至关重要的影响,参加多样的体育活动是提升他们对事物认知能力的好方法。如此一来,就需要给予学生参加体育运动以鼓励和支持,为他们的运动行为创造良好的条件。下面就具体分析一下儿童青少年认知功能的情况。

(一)儿童青少年认知功能的发展状况

认知是人在面对客观事物时展现出的内部心理活动过程。认知的种类很多,主要有感知觉、思维、注意、记忆、表象与想象等。儿童青少年处于重要的身心发育时期,他们的生理发育迅速,这就为他们认知功能的飞速发展提供了不可或缺的物质基础。

1. 感知觉的发展

感觉,就是人脑对作用于感觉器官的客观事物个别属性的反映。不过,人对一件事物的全面认知并不能只是对其个别属性有所感觉就可以的,它还需要对事物的整体属性有一个基本把握。而能对客观事物各种属性都有所接受的,就是人的知觉。感觉与知觉两者对比的话,很明显,感觉是知觉的基础,信息是知觉的前提。要想发展知觉,就必定要参与更多的实践,这样才能从中获取经验,以此来促进知觉的发展。人在处于儿童时期时,其感知觉的发展非常迅速。新生儿起初只具备简单的感觉运动,此时他们的知觉能力是非常有限的。具体来说,他们还没有判断大小、距离、高度、形状的能力,更不知道时间的概念。但是在成长过程中,随着实践活动的增加,他们的知觉开始萌生并快速发展。

2. 注意力的发展

人的注意力,就是心理活动对外界事物的指向和集中。从注意的概念中就能明确得知注意拥有指向性和集中性两大特征。指向性是指认知活动所针对的对象总是一个或几个,如此则对此外的其他事物予以忽略。集中性则是指认知活动在对象上停留的强度。

这里需要说明一点的是,注意并非一种独立存在的心理过程,它总是会与其他心理活动相伴出现。注意的能力是通过注意力来表现出来的,对儿童青少年来说,注意力水平如何直接关系到他们的全面发展状况,特别是能很大程度上决定他们的学习能力,因此备受家长的重视。其实在儿童时期,儿童对身边接触到的一些情境和行为已经可以产生注意了,并且能关注到行为与结果之间存在的一些联系,但这种注意还没有到自我可以控制的地步,并且对注意过程及影响注意的因素还没有很多认识。此时要想让他们的注意力得到集中,就不能让他们处于影响注意的环境因素中。但这种情况会随着年龄的增长而慢慢缓和,当然缓和的程度是因人而异的。儿童慢慢长大后,他们对认知情境的表面特征的注意会越来越少,注意的类型则会增多,也更有意识让自己的注意集中在需要付出注意的地方。

当儿童成长到青少年时期后,他们的注意水平已经由无意注意过渡到了有意注意阶段。此时,青少年的注意不论是稳定性、广度、分配和转移等能力都有了大幅度提升。下面就详细分析一下青少年相比儿童在几种注意属性上的提升情况。

第一,注意越发稳定。处于儿童时期的学生,往往是那些具体的、颜色鲜艳的、趣味性较强的事物更能吸引他们的注意,而对一些单调的、抽象的内容则很难吸引他们的注意,且即便付出了一些注意,这些注意的稳定性也不足。而当来到了青少年时期后,这种现象逐渐得到缓解,并对那些过于难以吸引注意的事物也能付出足够的注意。

第二,注意越发有广度。当儿童成长到青少年时期后,他们学习到的知识越发增多,参与的实践活动也在增加。过去在儿童时期表现出的注意广度较窄的问题得到缓解,并且随着知识和实践的进一步丰富,注意的广度也会随之大幅提升。

第三,注意的分配越发协调。青少年能比儿童有着更好的注意分配能力,如在儿童时期,学生要么只能听讲,要么只能写字,而到了青少年时期后,学生可以做到在听老师讲课的同时记笔记。这就是注意分配能力得到提升的直接表现。

第四,注意的转移越发灵活。儿童时期学生的注意是比较难转移的。而到了青少年时期,学生的注意有了更多的灵活度,具体表现为能根据学习的内容和要求有意识地转移注意。

3. 记忆力的发展

一般情况下,个体的记忆能力会随着年龄的增长而增长,体现在记忆的内容更多、记忆的广度更宽、记忆的时间更长等方面。记忆的高峰是人的青少年时期。在记忆发展的过程中,有意记忆和无意记忆都在发展着,慢慢地,有意识记忆发展程度会越来越高,最终占据记忆的主导地位。而在儿童早期阶段,占记忆主导地位的是无意记忆。儿童中期,短时记忆能力有了显著的发展。除此之外,他们还可以使用一些有趣的方法来辅助记忆。通过记忆力方面的训练,可以大大改善儿童青少年的记忆能力。

对儿童青少年记忆发展情况的分析要提到一个"元记忆"的概念,这是一种对记忆过程的理解。人出现元记忆的时期多为儿童中期,这种元记忆一经出现后就会随着年龄的增长而得到改善。儿童时期的元记忆较为简单,此后会随着儿童心智的成熟以及获得了更复杂的"认知结构"后,更容易理解记忆的本质和重要性,同时也能感受到不同人有着不同的记忆力。到了青少年时期,学生基本能够主观掌控记忆,即能够记住想要记住的事物,且可以用一些辅助手段帮助记忆,此时个体记忆活动中的主体意识会上升到较高水平。

4. 思维能力的发展

人类思维能力的发展要经历一个从低级到高级的过程。儿童的思维要经历一个从具体形象思维向抽象逻辑思维的发展过程,表现出,越小的孩子,其具体形象思维越占据思维的主导,而随着成长,抽象逻辑思维逐渐萌生并得到发展,从形象思维过渡到逻辑思维需要一个漫长的过程,直至最终能够转变出逻辑思维能力。但尽管最终具有了逻辑思维能力,却还是会有一定的不平衡性,即对与自己关联度较高的事物可以在逻辑思维上更加敏锐,但对于那些自己相对陌生的领域,要想建立逻辑思维就更加困难一些。在儿童早期,儿童逐渐拥有了思维的完整结构,但此时的思维里成熟还相差甚远。儿童早期的孩子思维的发展更多在思维基本过程、概念、推理能力和思维品质等的发展能力上表现出来。

当儿童进入青少年时期后,思维便得到快速发展,甚至可以发展到与成年人无异的水平,此时青少年的思维无论是在广度、深度、灵活度上都有了大幅度的提升。在皮亚杰的认知发展理论中,青少年正处于形式运算阶段,在这阶段中的人可以摆脱现实事物的束缚来思考,可以思考非物质实体的事物,可以从具体事实出发,概括事物的本质属性和特征,更能在解决问题所需要时,提出假设并检验假设,把归纳推理和演绎推理结合起来,以此来帮助验证理论。在形式运算阶段中,同时发展的还有辩证逻辑思维。这种逻辑思维在学生初中阶段出现,在初三时基本能达到发展的高峰,而到高中后辩证逻辑思维就呈现出稳定的发展趋势了。在高中阶段,相比之下形式逻辑思维的发展水平还是要稍高于辩证思维的,这种势头会持续到青少年晚期阶段。

5. 想象力的发展

儿童的想象力普遍处于初级水平,这与他们的实践活动较少有很大的关系。这种情况到他们进入到青少年时期后有所改观,直至发展完善。相比于儿童,青少年想象的无意性、模仿性逐渐减少,取而代之的是更多的有意性、现实性以及创造性的想象。青少年与儿童两者的想象最大的不同在于青少年的想象已经可以不被现实事物所禁锢了,头脑中的抽象事物更加丰富,足以支撑他们想象到很多现实中不存在的事物。但尽管如此,一些想象还是需要借助客观实体来引发,而不是绝对意义上的"凭空想象"。

(二)大众健身影响着儿童青少年的认知功能

认知的发展总是呈现出由低到高、由简单到复杂的过程,且在不同的阶段有发展的高峰或低谷。人在处于儿童青少年时期时,其认知能力发展最快,可谓认知发展的关键期。在关键期内,如果人能接受到良好的认知能力方面的培养,则被培养的认知能力就会突飞猛进地增长。而一旦错过这个能力增长的时期,即便再接受良好的认知能力教育,其效果也不如前者好。儿童青少年在认知功能重要发展期中时,也正是其个体生理发展的高峰,包括身体上的发育以及神经系统的发育,如果此时能增加有益的实践活动,则对儿童青少年的认知发展带来事半功倍的效果。而大众健身活动,就是众多有益儿童青少年认知能力发展的活动之一。

究其原因来看,大众健身活动总是表现出一种积极向上的态度和活跃的氛围。参与其中的个体需要充分调动自身多数感官,以组织协调好注意力及其他与认知能力相关的能力。在参与运动中,个体除了会利用眼、耳、嘴等感受器官接收信息和传送自己的信息外,还会通过触觉和其他感觉来感知动作,以及感受动作过程中必然存在的时间与空间等的关系,如此才能顺利完成某项运动的技术动作。这样一来,更多参加大众健身活动的人自然其中枢神经系统也得到了更多的锻炼,他们的神经系统的兴奋和抑制的交替转移过程得到加强,大脑皮层神经系统的均衡性和准确性得到改善,从而使人体的感知能力也得到发展。下面就详细分析大众健身活动与儿童青少年认知功能发展的关系。

1. 大众健身与感知觉的关系

一般来说,感觉是人对事物个别属性和特性的整体认识,是那些高级的、复杂的心理现象的基础。知觉则是对事物及其相互关系的整体认识。感觉和知觉往往是紧密相连的,也常被直接称为"感知觉"。对于发展人的记忆、思维、想象等能力来说,感知觉能力起到了决定性的作用。不仅如此,感知觉也是人的情感和行动产生的必要条件。

下面就从两个方面来阐述大众健身活动与感知觉的关系问题。

一方面,感知觉的发展依赖大众健身。首先,人在婴幼儿时期是第一个感知觉发展的重要期,该时期为了发展婴幼儿的感知觉,可让他们参与多样的游戏活动,如此让婴幼儿的身体动起来,在玩中感受身边的事物。其次,不同类型的大众健身活动对不同感知觉的发展有特殊作用,如有些运动项目更能锻炼人的视觉,有些则更能锻炼人的时间知觉和空间知觉等。例如,当儿童青少年更多参加乒乓球运动,则非常有利于他们视觉和听觉的发展。

另一方面,感知觉能力对为人所参与的大众健身活动增效。如果人拥有出色的感知觉能力,那么对于参与众多类型的大众健身活动来说自然是非常有利的,其突出体现在学习一些运动技术动作和应用实际时总是能正确运用并且时机把握得当。

2. 大众健身与注意的关系

注意的发展要经历一个从无意注意到有意注意的过程。可供大众健身选择的项目众多,形式也各异。然而不论是什么类型的运动,都对一些身体素质有一定的要求,同时还需要运动参与者付出足够的注意力及其他心理素质。如此看来,大众健身运动对人的注意能力的提升是有很大帮助的,如果这种能力能继续长期得到运动获得巩固,则能力的增长会进一步加快。对于人的注意构成影响程度来说,不同运动项目所带来的影响不同。例如,乒乓球、羽毛球的练习会大大提高注意转移的灵活性;滑冰爱好者滑冰时需要将注意力集中起来,能够使注意的稳定性得到有效提升等。

有研究显示运动强度对学生的注意能力发展带来影响。例如,小强度的运动对学生的有意注意发展起到的效果最佳;中强度的运动对学生的健康促进效果最好;大强度的运动对学生注意力的作用在起初较为明显,但却会随着大脑和身体的疲劳而逐渐下降。这一论断表明,长期参加中小强度的大众健身运动,会对中小学生的注意力水平提高带来最佳的效果。

之所以儿童青少年参加大众健身活动会对其注意能力的提升大有好处,主要是由于健身活动能够加快新陈代谢的速度,改善大脑的血液循环,使他们头脑清晰。

3. 大众健身与记忆的关系

大众健身运动可以促进儿童青少年的记忆发展,这是由于参加大众健身活动能改善人体神经系统功能。这一方面能够对中枢神经系统及其主导部位大脑皮层的兴奋点予以刺激,抑制加深,这会让兴奋和抑制系统保持在相对平衡的状态上,从而使神经的信号传导过程更加灵活,大脑的思维能力也就自然提高了;另一方面,能够使中枢神经系统对身体内部器官的调节作用得到有效改善。除上述两方面外,大众健身活动还能促进个体工作记忆的加工。简单说,就是多多参与大众健身运动既能增强人的长时记忆,还能提高大脑对当前信息的处理能力。

4. 大众健身与思维的关系

参加包括大众健身运动在内的许多活动,都需要有思维的参与。在任何一种运动中,运动者在完成技术动作的过程中,除了要付出智力和体能外,还需要付出很多的逻辑思维与运动思维。反过来,通过参与大众健身运动,运动者思维能力也会得到更多的锻炼,使其思维能力更强、更敏锐,还对人的发散思维能力提升有诸多帮助。特别是在参与一些对抗性运动,如足球、篮球时,运动者需要随时根据场上的形势作出反应,快速改变思维,做出最有利于本方局面的抉择。如此,也是一个能够对运动者起到有效健身和提升个体思维流畅性和变通性的过程。

(三)大众健身对儿童青少年认知功能的积极效应

1. 大众健身对肥胖症儿童认知功能的积极效应

如今人们的生活水平普遍得到了提升,食物数量充沛,种类多样,过去我国儿童经常出现营养不良的情况如今已经非常少见了,取而代之的则是患肥胖症的儿童数量的增加。一般对于儿童来说,他们患肥胖症的原因主要为饮食摄入的营养过多,消耗较少,如此就造成了脂肪堆积。在现代,肥胖症已经成为儿童多发的常见病,其不论是对儿童的身体还是心理都会造成不良影响。

近来一段时期的研究表明,儿童的肥胖问题不仅对其身心带来消极影响,还会降低其认知功能,甚至会影响大脑的结构和功能。这是因为过多脂肪的堆积也"吸引"了更多血液存在于脂肪周围,再加上体内脂肪过多对呼吸系统的不利影响,造成呼吸量的降低,这些问题就会造成心脏和大脑这类极其重要的器官缺氧。特别是大脑缺氧会致使细胞内用于传递能量的三磷酸腺苷(ATP)减少,造成神经突触功能降低,如此就降低了各种刺激信息的传导速度,表现在外在的状态就是儿童的反应迟缓、注意力不集中、记忆减退和困倦,如此极大影响智力发育。

儿童如果能养成健身锻炼的习惯并长期坚持下来,大部分单纯性的肥胖问题都能得到解决。儿童首先会发现自己的体形发生了变化,也能体会到活动时更加有身轻如燕、移动灵活的感觉,这样换来的更加自信的自我,也更能得到他人的认可。如此反过来又激发了他们继续参加健身活动的动机,成功中也获得了自我意识上的改善,进而对他们的认知能力提升带来帮助。

在最近一段时期,多部门都致力于在提高学龄儿童的健康水平上努力,但真实的效果却在调查结果上显示为成果不显著,如此证明儿童的健身参与程度和健身质量依旧不高。为此,可尝试以下面几种方式来鼓励儿童参加健身活动。

第一,在健身活动中增加足够的趣味元素。

第二,在儿童中树立健身榜样,这需要家长和教师共同付出努力,以此让儿童有一个正确的健身行为意向。

第三,选择儿童喜闻乐见的健身内容。

第四,为儿童健身活动找一个好伴侣。

第五,鼓励儿童参加一些有组织的体育活动。

2. 大众健身对多动症儿童认知功能的积极效应

多动症较多出现在儿童时期。患有多动症的儿童在智力上基本没有缺陷,主要症状表现为注意力涣散、行为多动和冲动。多动症是一种以行为作为判断依据的神经性心理疾病。传统看法认为多动症为一种会随着年龄增长而症状逐渐消失的自限性疾病。但更多研究表明传统认识未必是正确的,即很多儿童时期患有多动症的儿童会在其来到青少年阶段,甚至是成年后依旧存在症状,不同的只是换了一种表现方式,或是程度上有所变化而已。

在患者处于儿童和青少年时期,他们更多是在校学生,学校和家庭是主要的生活场所,多动症带来的危害主要通过学习成绩和与他人之间的关系来体现。患有多动症的儿童学习成绩通常不会很好,这是认知缺陷及其引发的病症所限制的,而这与患儿的智力水平无关。这也就是说,如果多动症患儿能有意识地控制自己的行为,那么症状对学业成绩的影响也是有限的。

这里需要提到一类特殊的多动症情况,叫作"资优多动症"。患有资优多动症的儿童学习成绩可能是不错的,并在他们感兴趣的领域有着卓越表现,但其表现出的在行为或人际关系上的低成熟度却与其不太匹配。鉴于这种异常的行为举止,老师也难以认定资优多动症儿童就是资优生,也不容易认可他们身上的才华,反而会因为他们成熟度欠佳的举动而认为他们叛逆、暴躁、喜怒无常。这样的学生非常容易让人忽视他们身上的潜能。这类患病儿童当进入到青少年时期乃至成年期后,此类症状如果依然或多或少地存在,就会使他们在学习、工作、生活中屡屡受挫,遭到他人鄙夷的目光。反过来这还会使他们与周围环境的互动更加恶化,对自己产生怀疑,最坏的情况会发展为违抗执拗障碍、挑衅性行为、多争执、效率低、行为障碍、人际关系障碍等情况。由此也可以看出,如果这类病症不能得到有效治疗,对人的发展还是有很大负面影响的。

儿童多见的多动症如果在小时候没有得到有效控制和彻底治疗,其中一些症状会跟随他们来到成年期。在治疗多动症方面,传统治疗手段的效果在短期内还是有效的,但治疗效果的延续性并不能令人满意,其过程中还可能会出现一些症状的反复。大众健身不同于以往的多动症干预手段,它作为一种积极的生活方式,对改善多动症患者的心理状态有着非常积极的作用。参与大众健身活动有助于多动症患者将注意力集中到活动上,这本就是一种提高他们抗干扰能力的行为,如此更能使中枢神经系统进入到一个有序的状态中。另外,如果能将益智类项目(中国象棋、围棋、国际象棋)与身体活动项目相结合开展,则会收到更为理想的效果。

二、大众健身影响着老年人认知功能

(一)大众健身与老年人记忆功能

记忆是人非常重要的一种认知能力,这是人能够正常生活和学习的基础。对于老年人来说,记忆的作用是非常重要的,记忆能力如何,直接关系到老年生活的质量。从心理学的角度来说,记忆是长期持续学习的见证,是人存储和提取信息的能力。然而年龄的增长会对记忆能力构成影响,特别是年龄越大,记忆能力下滑也就越明显。

除了年龄给人的记忆能力带来的影响外,一些疾病也会衰减人的记忆力,甚至引发记忆障碍。有时候,判断一个人的记忆衰退是正常性老化还是病理性老化是有些难度的,尤其在疾病早期更难鉴别。这是由于不同人的记忆年老化程度有着很大的差异,造成对老化的性质不易及时划清界限。要想更加准确地判断记忆衰退的原因,最好的方式就是观察其在日常生活中和临床上检查的结果,将两者相结合来最终判断。如果发现病人不仅对最近发生的事情记忆不清,还发现对过去发生的事情也记忆不清的情况,并在提示之后仍难以记得,那么就可以表明该病人已全面出现记忆减退的症状。对于上了年纪的人来说,记忆力减退的经常性表现如不认识回家的路、不认识熟悉的人,出现这两种情况就足以给他们的生活带来较大的困扰,甚至生活不能自理。这么来看,提高老年人的记忆能力,延缓记忆衰退就显得非常重要。相关研究表明,中老年人长期适量参加大众体育健身活动,有助于减缓他们的记忆功能衰退,同时对身体其他机能的状态维持也有很大帮助。

1. 老年人记忆功能的特点

个体的衰老会连带人的记忆能力一并衰退,这会让人记住事物,或回忆过去经历过的事物变得越发困难。如果让一位老年人回顾人生经历,他们回顾得更多的往往是他们十几岁或者二十几岁时发生的事情。这是由于成年早期的记忆能力是处在巅峰期的,所以这个时期内的事情被记忆得格外牢固。如果要求老年人回忆几个月前发生的事情,则对他们来说就非常困难,基本很难完整复述事情梗概,更不要提一些细节了。

人的记忆能力随着年龄增长而出现变化是非常正常的生理现象,可将其称为"记忆的正常年老化"。尽管这会给中老年人群带来一定的影响,但这种影响对他们的正常生活来说并没有造成太大的不便。这种表现的情况通常如,老年人与年轻人对于刚刚接收到的信息的记忆是相差无几的,然而过一段时间后,对这一信息的记忆开始出现减退的时间较青年人更早,即便此后青年人也开始遗忘,但老年人的记忆衰退速度也更快于青年人。对于青年人来说,如果事物存在逻辑联系和有意义,特别是那些对他们非常重要的事情,或是与自己的专业、先前的经历等有关,则记忆能保持得更久。对青年人来说,那些需要死记硬背、彼此关联度不高的内容则很难记住。

2. 大众健身对保持老年人记忆功能的帮助

记忆是在头脑中积累和保存个体经验的心理过程。简单说,记忆就是人脑对外界输入信息进行编码、存储和提取的过程。凡是人们感知过的事情、思考过的问题、体验过的情感等都会在大脑中存留下一个印象,有些关联度不强的,日后很少被"调取"的信息逐渐被遗忘,而那些可作为重要经验的信息则能够保留较长时间,甚至在人的一生中都不会忘记。

大众健身运动可以改变记忆的物质基础。因此,对于老年人来说,经常参加大众健身运动会对他们的记忆能力起到积极作用。这些意义具体表现在以下几个方面。

第一,有助于神经系统对全身各器官的调节与支配。不仅如此,运动过程中增加的脑内核糖核酸,还能使乙酰胆碱的活性增加,这是维持一个人良好记忆能力的关键物质。

第二,有助于心脏功能的增强。由于大脑的氧供应与血液中输送氧的红细胞数量和血红蛋白的含量有关,因而人的血流量也会因参与大众健身运动而增加,这会给大脑带去更多的氧,进而有助于人的记忆维持。

第三,有助于呼吸系统功能的增强。人在散步和慢跑时供氧量显著增加,分别是相对安静状态下的 2 倍及 5～10 倍。如此看来,即便运动强度不算很大的散步、慢跑等运动,也是会对新陈代谢起到良好的促进作用,这为大脑提供了更多的氧,也更加激活需要用氧的脑组织,进而有助于人的记忆维持。

(二)大众健身积极促进老年人认知功能

当人进入老年甚至中老年阶段后,其认知功能的衰退也是一种非常正常的现象。其中,作为认知功能中的一项——执行功能就成为心理学研究的热点。人的认知功能中的执行功能是解决诸多复杂问题的高级认知功能,它的发展状况如何关系到人一生中的各个主要阶段。不过,对于执行功能来说,其所拥有的内涵较为复杂,并且还涉及其他一些高级认知能力,所以直到现在学界都没有确定一个获得普遍认可的概念。从整体上来说,执行功能是个体在实现某一特定目标时采取灵活优化方式,以期对指向性行为进行计划、始动、排序、监控等的认知技能。其包括工作记忆、抑制控制以及认知转换三个子功能。

人们生活中为了妥善处理各种事件,都要依赖执行功能。老年人的执行功能注定是越来越弱的,表现在外,就是他们的反应速度、抑制功能、认知转换能力等都开始衰退。这是一种正常的生理规律,要想逆转是不可能的,唯一的办法就是尽量延缓他们的认知功能衰退的速度,这可以从提高他们的执行功能入手予以解决。

大众健身运动对老年人认知功能的促进作用主要体现在如下方面。

1. 有氧运动对于老年人执行功能的改善有所帮助

通过机体与外界进行的气体交换过程,可以保持机体内的氧供应处于相对平衡的状态之上,此时占主导地位的是有氧代谢。

我国大众传统思维认为老年人不要进行体育活动,这种观念其实是不正确的。老年人不仅可以适当参加体育活动,并且对他们的身心健康还很有好处。适当强度、持续时间和频率的有氧健身运动可以提升老年人的有氧适能。不仅如此,有氧运动还能够诱发老年人更多有利的代谢调适能力,如合理的血糖、清除饭后多余脂质堆积等。以此为基础,心理学研究者也发现了有氧健身运动对提升多种认知功能所带来的帮助。

研究显示,老年人如果能长期坚持参加一些适当的健身项目,无论方式是什么,均会有利于老年人执行功能的促进。而且,不同有氧运动项目对老年人认知能力的总体效果的促进作用是相差无几的,但就细微来看,还是有一定效果差异的,如自行车、游泳、慢跑项目的健身方式对促进老年人执行功能的提高效果明显,而气功、太极拳等项目则对老年人的情绪调节更有作用。

另外,与参加无氧运动项目健身的老年人相比,参加有氧运动健身的老年人在执行功能方面的锻炼成果明显更高。

2. 阻力锻炼影响着老年人的认知活动

阻力锻炼在许多运动中都会存在,这是一种肌肉对抗阻力的运动模式,其针对的更多是人体的力量素质。适合老年人进行的阻力活动如伏地挺身,以及使用哑铃、杠铃、健身器械等负重的动作。老年人是可以进行一些有阻力的锻炼活动的,当然这要求要有一个适当的阻力负荷,如此会有效维持他们的肌肉力量。另外,不同强度的阻力锻炼还能给老年人的认知能力带来不同的功效。具体为:中等、高等强度的阻力锻炼均对老年人的认知功能有益;阻力锻炼能提高记忆受损的老年人的记忆力。

3. 身心锻炼影响着老年人的认知功能

身心锻炼是身体活动中的一种重要形式,它要求的不光是身体在活动中的动作,还要求在运动中融入注意力、呼吸等方面的控制,以此来使身体的力量、平衡、柔韧性得到有效提高,积极促进身体的健康。太极拳、瑜伽就是身心锻炼的优秀项目。

(1)太极拳对老年人认知功能的影响

太极拳在我国有着悠久的历史和大众习练传统,它具有运动强度小、动作轻柔圆活、舒展连贯的特点。在开展太极拳运动时,运动者要心静体松、全神贯注,要求做到动作、呼吸、意识相结合。太极拳在有氧、力量以及柔韧方面都能锻炼运动者,因此,这些特点就决定了其非常适合老年人开展,从而对其认知能力的提升也带来较大帮助。

(2) 瑜伽对老年人认知功能的影响

瑜伽最早诞生于印度,其历史也较为悠久。如今,现代瑜伽在传入我国后成为了一项广泛受到关注的大众健身活动。瑜伽给运动者带来的健身功能只要表现在可使人体的肌力、柔韧性、血液循环等都得到有效提升,同时还对人的心境和压力环节有良好效果,因此这可能是瑜伽有益于老年人认知功能的潜在机制。除此之外,与太极拳类似的还有,瑜伽运动也会对人的调节呼吸能力与意识有锻炼作用,而这则会对人的注意力的集中起到良好效果。

(三) 大众健身与老年痴呆症

1. 老年痴呆症概述

老年痴呆症是指由于脑外伤、脑肿瘤或代谢障碍等原因导致的,主要在老年期出现的,以痴呆、智力衰退和人格行为异常为主要症状的疾病。直到现在,老年痴呆症发生的原因尚未能查明,且这种病症为起病隐匿的进行性发展的神经系统退行性疾病,由此也可以知道当人患上这种病症后,并不容易知道是从何时开始患上的。

根据老年痴呆症病因的不同,可将其大体分为四类,即阿尔茨海默氏症、血管性痴呆、混合性痴呆和其他类型的老年痴呆。我们目前已经进入到了老龄化社会,社会中老龄人口剧增,无形之中也增加了患老年痴呆症的概率。

2. 大众健身运动对老年痴呆症的影响

从体育运动科学上看,经常参加体育锻炼可以改善人体神经系统功能,而从医学角度看,体育锻炼也可以对大脑起到益智的效果,这是一种对老年痴呆症有着良好预防效果的行为。但在老年人参与体育锻炼时,务必要选择适宜的项目,下面就分析几种适合老年人开展的健身项目对老年痴呆症的积极预防效果。

(1)散步对老年痴呆症的影响

在大众体育健身项目之中,散步无疑是最为基础的运动形式之一。最新的体育医学研究结果表明,恰恰是这项看似非常简单的运动,对老年人保健的效果和意义是最大的。老年人经常参加这种低强度的有氧运动,不仅在安全性上有所保障,而且开展简单,无额外花费。而从对身心的益处上来看,散步能促进血液循环;维持心脏功能;舒缓紧张、焦虑等不良情绪;改善脑部血液供应,促进思维活跃。这些都是预防老年痴呆症所必须拥有的基础。

(2)太极拳对老年痴呆症的影响

诸多领域的研究均认为,我国的传统内家拳——太极拳对预防老年痴呆症及其相关症状有较大帮助。其预防老年痴呆症的原理为通过太极拳的拳术练习可以促进神经系统功能正常运转,这对脑部健康的维持有着积极影响,从而实现对老年痴呆症的预防效果。

太极拳对老年人神经系统产生积极影响具体有以下几方面。一是在太极拳健身过程中会有一个特殊兴奋灶在大脑皮质上形成,此时其他大脑区域处于相对被抑制的状态;二是太极拳健身能带给老年人的自主神经系统以积极影响;三是通过太极拳健身可以帮助老年人维持身体的平衡感和协调性。

(3)健身球对老年痴呆症的影响

有科学研究表明,手指的活动对大脑健康有促进效果。特别是当人进入到中年以后,经常做手指活动对促进大脑血流畅通非常有益,如此能提高中枢神经的调节功能和增强记忆力,同时预防老年痴呆症的患病几率。为此,手中健身球就成为中老年人非常喜爱的活动。

通过手指活动转动的健身球可以促进大脑健康,让思维保持敏锐状态。在活动时,两只手交替活动,根据熟练程度来决定两只球体转动的速度和幅度。左手转动球的活动可以有效锻炼右脑,这对老年痴呆症的预防大有益处。

第二节 大众健身的动机激发

一、运动动机的概念与类型划分

(一)运动动机的概念

运动动机是指驱动人们参与运动学习或健身活动的内部心理动因。运动动机的产生原因为运动的内在需要以及运动参与的环境诱因的相互影响,是驱力和诱因、推动和拉动两种作用相结合的产物。拥有良好运动动机的人可以更好完成运动学习行为以及更容易长期坚持某项体育健身活动。

(二)运动动机的类型划分

人的运动动机可以以不同标准作为依据进行划分,对其分类有助于相关的理论研究工作开展。

1. 以运动者属性为依据进行划分

运动者具备生物属性和社会属性,因此,其在参与运动时的动机也能被分为生物性动机和社会性动机。

(1)生物性动机,是以满足获得刺激、运动愉快感和宣泄身心能量等生理性需要为目的而参加体育活动的动机。作为一种重要的个体化动机,生物性动机对个体的运动心理和行为带来的影响是很大的。这是由于个体本来就会因参加某项运动而获得足以让个体感到愉悦的感受,如缺乏这种感受,则会产生心理烦躁、情绪不稳、注意力难以集中的现象。如此为了能够满足这类动机的运动者,就需要安排一些较为生动、活泼、氛围轻松的运动项目。

(2)社会性动机,是以满足人们在体育活动中得到认同、施展才艺、发展人际关系、赢得荣誉等社会性需要而参加体育活动的动机。简单说,就是一种人们通过参加体育活动而获得社会声誉的运动动机,这种动机的存在更为持久。也正因如此,使得社会性动机能够成为个体在运动学习中的人际互动、技能掌握、身心素质促进的关键驱动力。如此为了能够满足这类动机的运动者,就需要在安排运动的同时也关注到人们在运动中获得互帮互助、人际交往、个人展现等内容的体现。

2. 以运动者对运动的环境心理为依据进行划分

运动动机可以以主体作为标准划分为内部动机和外部动机。

(1)内部动机,是来自个体自身好动、好奇或好胜等心理获得的快感、乐趣、刺激,以此满足自尊心、荣誉感和自我实现等心理需要的动机。

(2)外部动机,是个体自身之外的诱因转化而来的动机。来自外部的动机可以是他人的表扬、赞赏、获胜后的荣誉感,也可以是迫于某种压力、躲避某种风险等原因而参加运动的动机。

3. 以个体对运动的参与心理为依据进行划分

运动动机可以以动机属性划分为直接动机和间接动机。

(1)直接动机,是运动学习和健身活动的内容、方法或组织形式等当前或直接特征的动机。直接动机与个体对运动学习和参与大众健身活动紧密相关,且动机的内容更加具体,对个体的行为驱动力施加得也更大。

(2)间接动机,是运动可能带来的生理、心理和社会效果等特征的动机。间接动机与个体对运动学习或运动参与之间的练习不多,它所联系较多的是长时间参加体育活动后产生的最终结果和社会意义,且影响的持续时间较长,它也能驱使个体采取更加积极主动的态度参加到体育活动之中。

二、运动动机的培养与激发

(一)重视和利用各种需要来激发动机

人总是会产生各种各样的需要,每一种需要就可能衍生出一种动机。因此,对于运动动机的培养,其方式就可以从重视和利用这些需要入手。具体如增加运动的趣味性、启发性,以此满足运动者的好奇心、探索欲、归属感等需求。

(二)尽力提高体育成就动机

成就动机作为一种较高级的社会性动机,是指个体积极主动地从事自认为重要或有价值的活动,并力求达到完美、取得优异成绩的心理倾向。它的产生要建立在成就需要之上,并且是在社会交往中逐渐习得。因此,要想培养个体的运动动机,就要注重将成就动机融入到运动当中,以满足个体对成就心理的感受倾向。

(三)适当展开竞争,并且积极组织合作

竞争有很多种形式,每种形式的竞争都有其特点。常见的竞争有个体间的竞争、团体间的竞争和自我竞争。为此,如果能合理利用不同竞争与合作,将其进行合理补充和运用,就有助于人们运动动机的激发。将中等竞争的活动建立在小组合作活动的基础之上,是非常有利于发挥个体与小组间的互动作用的,以此达到充分调动学生的学习积极性和创造性的目的。

为保证竞争行为对体育学习动机的有效激发作用,并且最大化地减小消极后果带来的不利影响,在开展竞争活动时需要注意如下几点。

第一,确保多样化的竞争形式与内容。

第二,鼓励团体竞争。

第三,竞争活动的安排要适量。

第四,个体竞争活动要分出层次。

第五,提醒个体在竞争中注意发挥和展示的能力。例如,团结协作、互相鼓励、正确的胜负观等。

(四)及时反馈结果,更多给予积极评价

对于体育学习的反馈存在多种形式,常见的有社会性评价、象征性评价、客观性评价、标准性评价等。[①] 为此,选择哪种评价方式就要依据学生年龄、性格、体育学习内容等诸多学情来进行。

教师在体育学习中提供反馈和评价要以学生的进步或退步情况作为评价依据,以此判断他们的学习是进步了还是退步了。实际上,表扬和批评都能成为激励学生学习动机的方式,如果采用的激励方式为批评,则需要对用词、场合和程度予以考究。

具体来说,做好反馈结果工作要做到以下几个方面的要求。

第一,多次采用鼓励的方式,少采用批评的方式,并且确保每个学生的每次进步都能得到积极的强化。

第二,根据不同学生的不同情况进行表扬和批评。

第三,教师的评价要做到"对事不对人",并将评价重点放在个体的努力程度与行为表现上。

第四,树立个体评价标准,培养学生自我表扬和自我批评的能力。

第五,要了解个体对教练员、教师的表扬和批评的程度。

第六,表扬要在公开场合进行,而批评多应在私下场合进行。

---

① 陈圣平,高永三,陈作松. 体育运动心理学原理与应用[M]. 厦门:厦门大学出版社,2011.

第三节　大众健身的情绪效应

一、大众健身与焦虑、应激

(一)焦虑与应激概述

1. 焦虑的概念与分类

(1)焦虑的概念
焦虑,是指因不能达成某个目标或不能克服某种障碍导致的自尊心和自信心受挫,或失败感和内疚感增加,而形成的一种对未来紧张不安并带有恐惧的情绪状态。焦虑是一种普遍存在的特殊情绪反应,但正是因为这种心理活动的存在,使得其也给人类的生存与发展带来不少意义。

如果人能获得一些适当的焦虑感,是非常有利于唤醒人的意识水平的,从而促使个体的执行力增加。但万事过犹不及,过度的焦虑也会导致人的心理失衡,降低人的思维判断能力,不能合理应对环境的变化,适应能力降低,以及连带产生其他负面心理问题。

(2)焦虑的分类
①以焦虑的稳定性为依据划分。
以稳定性作为依据,可将焦虑分为短暂状态焦虑和特质焦虑两种。

短暂状态焦虑是一种持续变化的情绪状态,其是由紧张和忧虑造成的一种可意识到的主观感受,是一种高度自主的神经系统活动。这种焦虑的状态并不稳定,会随着事情的进展而发生不同程度的波动。

第四章　锻炼心理学视角下的大众健身行为探析

特质焦虑属于人格特质的一类,这是一种在各种情境中产生焦虑反应的情绪倾向和行为倾向。简单说就是,不论人处于何种情境之中,他都会预先具有一种以特色的焦虑反应方式和焦虑反应程度来对待事物的倾向,从而显示出多种情境中焦虑反应的一致性。

②以人的反应特征为依据划分。

以人的反应作为依据,可将焦虑分为认知焦虑和躯体焦虑。

认知焦虑,是与主观的或外在的刺激、担忧等相关的一种不愉快情绪的意识感知。认知焦虑反映的是焦虑的心理成分,引发这种焦虑的是个体对活动能否成功的担忧及消极的自我评价。

躯体焦虑,是焦虑的一种生理特征显现。这种焦虑的唤起可由自发形成,其表现主要为心跳加快、肌肉僵硬、呼吸急促或手心出汗等。

③以焦虑表现的内容为依据划分。

以人在经历焦虑时的表现为依据,可以将焦虑分为现实性焦虑、神经过敏性焦虑和道德性焦虑。

现实性焦虑,是由客观现实引发的威胁个体自尊心的心理状态。

神经过敏性焦虑,是指除对特殊事物或情境会产生焦虑反应外,对几乎所有事情都可能产生焦虑反应的心理状态。产生这种焦虑的原因多为挫折感、失败感和自尊心严重受损的心理社会因素。

道德性焦虑,是指在基于社会道德标准下的自我表现与社会要求发生冲突时产生的内疚感引发的焦虑反应。

2. 应激的概念与应对

(1)应激的概念

对于应激来说,其具有三种概念解释的方式,即认为应激是指那些使人感到紧张的事件或环境刺激;是个体的一种主观心理反应,是指人体对需要或伤害侵入的一种生理反应。[1]

---

[1] 陈作松,徐霞. 锻炼心理学[M]. 北京:高等教育出版社,2015.

（2）应激应对

对于应激的最佳应对方式为增强个体对于压力的应对能力。这可以从下面两个方式入手获得。

①问题取向应对。具体来说，是以解决问题为目标的应对策略。为此，就可以通过直接的行为来减小或消除压力源及其与之相关的联系。例如，逃跑、向他人求助等都是较为常见的应对方法。

②情绪取向应对。具体来说，是以尝试缓解抑郁、焦虑等消极情绪为目标的应对策略。例如，寻求他人情绪安抚、写日记或抱怨等都是较为常见的应对方法。

（二）大众健身与焦虑关系研究

在关注了众多国内外的相关研究后发现，对于大众健身对缓解人的焦虑情绪的研究主要是从两个方面着手的。一个是关于短期大众健身和长期大众健身效应研究；另一个则是不同健身项目、健身形式、健身强度与焦虑关系研究。

1. 短期健身和长期健身降低焦虑的效应研究

不管是长期的健身还是短期的健身，其对运动者的身体机能都会起到提升的作用。所谓的长期健身，是指每天或一周中超过半数的天数都参与健身活动，且这种频率要持续几年甚至几十年。短期健身，则通常为那些偶尔参与的健身活动，它不具备长期性和稳定性等特点，且每次运动的时间也不等。

显然，长期参与大众健身活动所获得效应是运动者每次健身持续一定时间所产生的情绪变化。相对应的，大众健身的短期情绪效应则是指一次性大众健身后即刻的情绪变化。

对于人的焦虑心理来说，参与长期和短期健身活动都可在一定程度（中等或较低程度）上降低人的焦虑。如此就证明了大众健身活动作为降低焦虑的一种重要手段的有效性。虽然偶尔进行的健身活动也对缓解焦虑心理有一定的帮助，但还得进一步探

第四章 锻炼心理学视角下的大众健身行为探析

究"剂量反应"、性别差异以及一次性大众健身之前、期间、之后的焦虑状态变化,这样才能更加深入地了解运动对个体焦虑心理带来变化的规律。

2. 健身强度、方式、时间、项目与降低焦虑的效应研究

研究显示,中等或低等强度的体育活动对个体的焦虑心理的缓解帮助不大。能够起到显著缓解焦虑心理效果的是那些强度为最大心率的70%左右时的中高等强度的运动。不过,最新的研究显示,凡是体育活动,都对个体的焦虑心理有缓解作用。这里要说明的一点是,尽管健身强度在很大程度上决定了对个体焦虑心理的缓解程度,但与此同时,与健身活动相关的如健身的时间、方式、频率和项目也是有关因素,不能完全忽视这些因素对焦虑心理缓解的作用。

图 4-1 是研究者制定的运动者参加大众健身活动获得最大情绪效益结构图,借此可以直观看到各种元素之间的关系对个体最终的情绪改变方式。

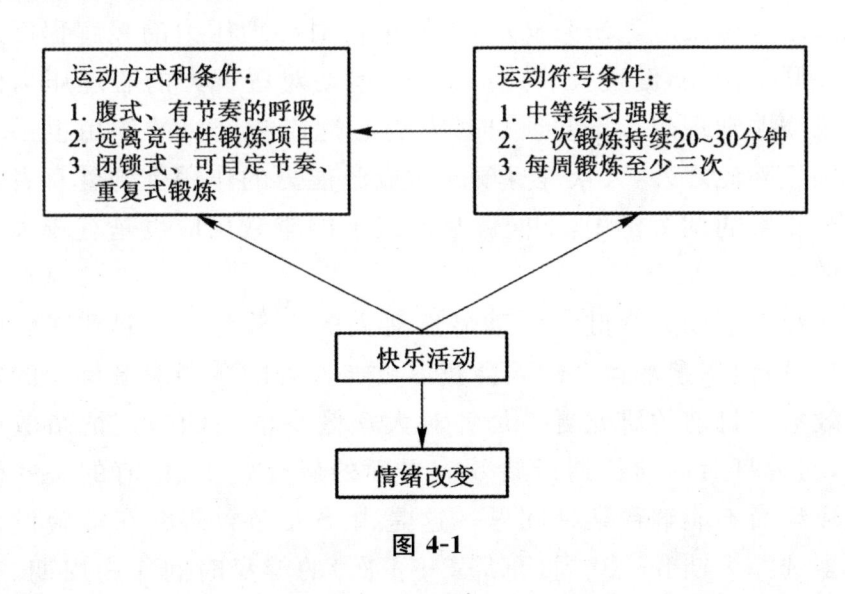

```
运动方式和条件:              运动符号条件:
1. 腹式、有节奏的呼吸          1. 中等练习强度
2. 远离竞争性锻炼项目    ←→   2. 一次锻炼持续20~30分钟
3. 闭锁式、可自定节奏、         3. 每周锻炼至少三次
   重复式锻炼
                    ↓    ↓
                    快乐活动
                      ↓
                    情绪改变
```

图 4-1

(三)大众健身与应激关系研究

研究显示,人们的健身情况、心理应激乃至疾病的发生在一年中都是没有规律可循的,甚至在一段时期内会由于各种主客观因素的存在而变得非常不稳定。通过心理应激调查,由人际关系、情感状况所造成的心理应激的比例是比较高的,而由生活中的重大事件造成的心理应激情况较少。此外,心理应激和大众健身等情况对疾病的发生还存在一定的预测功能,由此显示出大众健身水平与心理应激之间存在交互作用。

当人在面临相同心理应激水平时,经常健身的运动者患上疾病的风险要大大小于不经常健身的人,并且随着心理应激水平的增加,疾病得分也随之增加,但是低大众健身组和高大众健身组增长的斜率显著不同。这就可以说明大众健身能够调节心理应激对健康的作用。因此,面临心理应激时,经常健身的运动者,往往更不容易出现因心理应激而引起的健康问题。

通过适当参与大众健身活动可以缓解心理压力,而这也会降低心理应激反应。研究显示,不同项目对心理压力的缓解程度也有关联。例如,健美操、体育舞蹈等运动对缓解人的心理压力的效果就非常理想。不同项目对人的心理应激产生的作用也是不同的。除此之外,大众健身模式对应激能力的作用受到健身者性别和年龄的调节作用,不同健身形式下的应激反应也是有较大不同的。

经常参加大众健身活动显然对人的应激反应会起到减弱的效果,而偶尔参加运动的人会获得更加显著的减弱应激反应的短期效益。目前的研究更多是针对大众健身活动的短期情绪效应的,对健身活动的长期情绪效应方面的研究较少,仅有的一些研究成果尚不能解释某种问题。这是由于大多数研究在实验设计上多选择为期8~10周(每周2~4次)的健身时间作为周期,有时这个实验设计的时间甚至会更长,如此长的实验时间就难免会对实验过程的把控有所松动,最终造成结果的不可靠。

二、大众健身与抑郁

(一)抑郁概述

抑郁是一种弥散性心理状态,人在出现抑郁状态后的表现有过度忧虑、悲伤、情绪下降、无助感、失落感、自我责备、自我评价低、不愿与人交往、对平时的兴趣感到乏味,还可能会伴有失眠和早醒。尽管抑郁属于一种非正常心理,但这种心理状态只要维持在一个低水平程度上的话,仍然也在正常心理范围内,属于正常的心理情绪。据统计,有60%~70%的人在一生中都会经历或多或少的抑郁心理,但如果程度不高的话,可以将这种心理状态称为"心理感冒",这与真正的抑郁症还是有很大不同的。如果当人的抑郁心理真的达到抑郁症地步的话,就属于情感性精神障碍的范畴,进而出现明显的精神运动阻滞,有自罪观念,有妄想和幻觉,自知力严重缺失等情况。

(二)大众健身与抑郁关系研究

1. 大众健身与抑郁情绪的改善

(1)大众健身能有效缓解老年人的抑郁情绪

气功、太极拳等项目是大众健身中被大众广泛选择的项目,这两种项目对老年人的抑郁症状的缓解有很大帮助。众多研究结果显示,如果能长期定期参加缓慢、舒展的大众健身活动,就可以能够有效降低抑郁程度。可以说,这些研究为大众健身能有效缓解老年人的抑郁情绪提供了充分的佐证。

(2)大众健身能有效缓解儿童抑郁情绪

对于大众健身对儿童抑郁情绪的缓解可以从以下三个层面进行说明。

①生化层面。在运动过程中,运动者体内会发生一系列生理变化,如血流加快、激素分泌旺盛等。由于运动,还会对神经递质的分泌产生刺激作用,具体如去甲肾上腺素和多巴胺分泌提高,大脑内啡肽分泌增加等。这些生理层面的变化会给人带来直观的一种良好体验,即愉悦感。愉悦感的存在,自然就会抑制抑郁水平的增长。就少年儿童来说,他们都有一个最佳的中枢神经唤醒水平,在这一最佳水平区中,能感受到愉快的舒适体验,而大众健身对儿童达到这一最佳水平是有促进作用的。

②认知层面。通过对各种大众健身活动的参与,儿童可以从中初步接触健身,了解健身的知识与技巧,培养健身的意识。当他们在健身中获得一系列的积极信息后,就能使儿童的自主性和自我效能得到有效提高,这会让他们获得一种成功感。这种感受可以打破给儿童带来抑郁感的信息,同时让其接受更多的正面积极信息。

③社会交往层面。如今,大多数儿童为独生子女,其生活的地点也多为公寓式住宅,这使得他们从小就非常缺少许多与其他同龄小伙伴接触的机会,这对于排解抑郁心理是非常不利的。大众健身则给儿童提供了一个绝佳的社会交往平台,在活动中,他们能接触到更多的同龄人,与他们共同参加同等条件下的活动,甚至需要他们相互合作或对抗,从中他们能够学到更多社会与人际层面的事物,而这些经验比从书本上学到的还要多且还要深刻。

(3)大众健身对大学生抑郁情绪的改善

通过相关研究可知,经常参加健身活动的大学生的抗抑郁水平普遍高于不经常参加健身活动的大学生。对于众多健身项目来说,更多的力量练习内容对降低男大学生抑郁水平有显著帮助,而对于女大学生来说,对降低抑郁水平最佳的项目为健身操类运动。研究还发现,健身活动的持续时间也对大学生的抑郁水平构成一定的影响。

(4)大众健身对怀孕妇女抑郁情绪的影响

事实上,处在怀孕期的妇女也可以参加适量的健身活动,这不仅对于缓解孕期抑郁有很大的促进作用,而且有助于最后的顺利分娩。

2. 大众健身与抑郁症的治疗

鉴于大众健身活动对缓解抑郁心理的积极作用,使得其也成为治疗抑郁症的一种有效手段。其在这方面的作用具体如下。

第一,大众健身活动可以有效提高大脑中枢神经的灵活性,这对降低人的抑郁水平大有益处。

第二,大众健身活动可以改善人体内分泌状况,这对缓解抑郁症状非常有利。

3. 有效对抗抑郁的大众健身活动

研究认定,对于任何群体来说,长期参加有氧运动健身有助于降低个体的抑郁水平。

在相关研究中,有一些是关于大众健身运动强度对抑郁水平的改善程度的研究。不同学者对这一问题存在不少争议,但众多研究认为中等强度的健身运动对于包括抑郁在内的心理问题改善联系最为密切。如果是针对抑郁症来说的话,则是长期坚持大强度的健身运动效果更为显著。除此之外,不同的运动情境带来的心理效应也是有一定差异性的。

三、大众健身与心境状态

(一)心境状态概述

1. 心境状态的概念

心境状态是一种情绪或情感的唤醒状态,这种状态是受到环境刺激而出现的,它具有持续性、可扩散、感染力微弱等特点,但不是一种永久性的情绪状态。这里面所提到的感染力微弱的特点微弱到个体有时都难以觉察得到。

心境状态产生的原因较为多样,可能是生活中发生的重大事件,可能是在意的事业的成败,还可能是发觉到的自身身心方面的变化等。从方向性上来说,心境状态有积极与消极两种。积极的心境状态如感到精力十足、幸福感爆棚等正向情绪;消极的心境状态如焦虑、紧张、抑郁、惊慌、愤怒等负向情绪。良好的心境状态自然能让人有一种全面的舒适感,而不良的心境状态则可能会降低个体的生活质量,甚至对心理健康构成威胁。积极心境状态的构建不易,维持也较为困难,但消极的心境状态则很容易冒头,且持续时间更为长久。

2. 心境状态的测量

对于个体心境状态的测量并不是件容易的事情,这是由于人的心境状态是没有客观实体的,它只是个体的一种主观感受。为此,心理学对人的心境状态的测量方法就是内省式的自陈量表法,即对个体主观陈述其感受进行测量。目前,已有一些心理学家制定了一些心境状态量表,其中应用较多的有 POMS(心境状态剖面图)、BFS(心境量表)、MAACL(情绪形容词词汇表)和 BRUMS(心境量表)。此外还有更适合健身情景下心境测量的 SEES(锻炼体验问卷)和 PAAS(体力活动感情问卷)等。上面所述的这几种心境量表都各有特色和各自适应的测试对象。下面就对其中的 POMS 和 BFS 两种量表进行分析。

(1)POMS(心境状态剖面图)

POMS 是如今不论是国内还是国外都得到普遍使用的心境量表之一,其于 1971 年编制而成。该量表中包括紧张、抑郁、愤怒、疲劳、精力、慌乱共 6 个分量表。每个分量表有几个程度描述词,描述词共有 65 个。量表采用五级记分模式,0~5 级分别代表"几乎没有"到"非常地"。采用此量表的测量方法为被试者以一周来的心境状态为基础,在不同的项目上选择符合自身心境状态等级的描述词,测试时间为 10 分钟。

(2)BFS(心境量表)

BFS 量表编制于 1986 年,其基于心境的二维构成理论而形成。BFS 主要用来报告"即刻"的心境状态,有 5 级和 2 级两种回答方式。该量表中有活跃性、愉悦性、思虑性、平静性、愤怒性、激动性、抑郁性、无活力性共 8 个分量表。这 8 个分量表分布在由评价性和激活性两个维度组成的坐标系中,每个象限都对应着两个分量表(图 4-2)。每个分量表中还设有 5 个题目,所有 40 个题目随机排列。

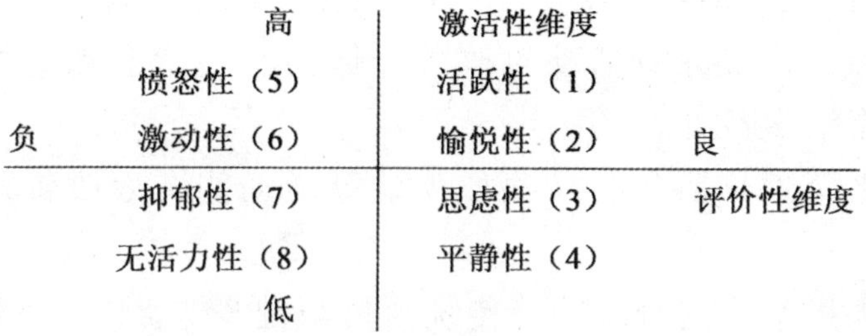

```
                    高       激活性维度
               愤怒性(5)    活跃性(1)
        负     激动性(6)    愉悦性(2)     良
               抑郁性(7)    思虑性(3)     评价性维度
               无活力性(8)  平静性(4)
                    低
```

图 4-2

(二)大众健身与心境状态的关系

大众健身活动是否能对健身者的心境状态带来积极变化一直是该领域研究的热点问题。参加大众健身活动对人的心境状态的改变,主要是通过减少消极心境和增加积极心境两种方式进行的,如缓解紧张或是增加活力。

1. 一次性大众健身与心境状态关系

在现代社会中,更多的人实际上属于那些偶尔参与一次性大众健身活动的群体。这种带有偶发性的活动参与对改善心境是否有帮助,相关专家学者已经进行了一定的研究,其结论如下。

(1)对抑郁症和焦虑症患者来说,即便是参与一次性大众健身活动依然能改善他们的心境状况。

（2）不论是临床患者还是其他被试者，都会因参加了一次大众健身活动而使其心境状态得到或多或少的改变。

（3）有规律、有计划、有组织的大众健身活动更能改善运动者的心境状态和情绪状态。另外，不同运动项目给健身者心境状态带来的改变也有所差别。

（4）大众健身活动对运动者心境状态的改变几乎都体现在脑力劳动者身上，这对于那些体力劳动者的心境状况改善来说几乎无影响。

2. 大众健身项目与心境状态关系

（1）传统运动项目给个体心境状态带来的影响

①参与传统健身活动对改善个体的心境状态和总体心理健康水平有诸多益处。

②老年人长期参与一些如秧歌等活动能有效改善他们的心境状态。

③太极拳或健身气功等传统项目与健身走跑运动相比，对改善个体心境状态所带来的影响程度更大、更积极。

（2）现代流行运动项目给个体心境状态带来的影响

现代流行运动在大众体育项目中占据很大一部分，其大多都对个体心境状态的改善有所帮助。然而，在开展相关活动时要注意参与方式的选择，以期适合活动参与者对自身心境状态的改善需求。

3. 大众健身运动形式与心境状态关系

即便是参加哪怕一次大众健身活动，抑或是参加了不同的健身项目都可以改善个体的心境状态。为了确保对心境状态的改善起到的良好效果，就需要在选择健身时间、健身强度时达到如下几点要求。

第一，在健身的方式和强度上，那些重复性、节奏性较强的项目更有利于改善心境状态。这是由于此类健身方式减少牵扯运动者的注意力,让他们将更多的注意力集中在脑力的恢复上,而这对调节心境状态大有意义。就运动的强度来说,与高强度运动项目相比,低强度的运动能给心境状态带来更多益处。

第二,在时间及频率方面,有研究认为 20~30 分钟是较为理想的可以产生积极心理效应的运动时间。而就运动的频率来说,至少达到每月一次的健身就能获得一定的心境状态调整效益,但要想获取更为理想的效果,至少需要每周 2~4 次活动参与才行。

第五章 大众健身科学发展的保障体系探析

在 21 世纪的今天,种类丰富的大众健身活动在社会广泛开展。大众健身活动的开展极大丰富了人们的业余生活,同时也给群众的社交增加了更多渠道。不过,鉴于目前我国民众的体育运动基础相对薄弱,使得其在参与许多健身活动时缺乏科学性和合理性,如果不能及时予以干预和正确的引导,可能会给人们的健身活动埋下诸多隐患。为此,本章就重点对大众健身科学发展的保障体系进行探析。

第一节 大众健身的科学理论与方法指导

一、大众健身的重要性与科学性

运动健身对人身心的诸多益处已经是现代社会人人所共知的常识。然而,尽管热衷参加体育健身的人越来越多,但真正了解科学健身,且能将健身功效高效发挥的人却并不多。事实上,只有较为科学的健身方式,才能使人更加高效地收获健身成果,如果背离了健身的科学性,不仅无法达到健身的效果,反而还可能会危害身体健康。

如今,我国大众的生活水平已与过去有了质的飞跃。这在改善了人们生活质量的同时,还转变了他们的思想,以至于现今人们对健身运动的参与不仅仅是提升身心素质水平的行为了,人们还增添了许多时尚元素在其中。如此一来,大众健身就成为人们满足自身多样化需求的重要活动形式,而这也是社会文明发展到一定阶段后必然出现的现象。

在今天,人们的健康意识越发增加,人们选择维护健康的渠道也越来越多样,其中还有很大一部分人并不以运动健身当作首选形式。这使得在当前大众健身的参与人群更多是以中老年群体为主的,其中还不乏许多已经患上慢性病的中老年人,他们期待通过运动健身的方式达到祛病和延缓衰老的效果。而本应成为大众健身主体的中青年人则由于平常忙于工作和打理生活缺少健身锻炼的时间,或是受限于其健身意识的不足而选择其他休闲活动。这里有一个关键的问题在于,如果休闲方式为不健康的行为,或是生活缺乏规律等,都会给身体的健康留有隐患,这种隐患会逐渐积累,导致隐患最终爆发的几率增加。如果要想长期坚持运动,它也需要一个渐进的过程,同时这也是一个积累的过程,需要人有坚持下来的毅力和足够的动机,而一旦运动的习惯养成了,人们便能从中感受到运动之乐,从而更加执着参与运动,那么,身体的状态也会随之越发改善。

从科学性的角度来看,要想充分发挥大众健身的价值,需要重点考虑以下几个问题。

(1)健身者是否明确自身的状况?

(2)健身者如何根据健身目的来选择恰当的健身项目?如何控制运动量和运动时间?

(3)健身指导者是否能为健身者提供科学的健身指导?是否能提供必要的运动安全保障?

健身者为了获得良好的健身效益,就一定要考虑好上述三个问题。实际上,人们在日常中,其身体状况以及客观条件都是处于不断变化之中的。因此,即便是个人依据对其专门制定的健身计划开展锻炼来说,该计划也是具有阶段性特征的,当身体状况达到目标后,就应该进入到下一阶段的健身之中,而不能是一成不变的。为了获得更全面的锻炼效果,在选择运动时也要注意兼顾多样性,即至少选择两种项目作为经常参与的健身项目为宜。

过往许多研究的结果均已证实,坚持长期且有规律参加健身运动的人大概率可降低其患肥胖、心血管、颈腰椎等疾病的发生几率,并且可强健运动者的体魄,完善他们的人格,陶冶他们的情操。能够获得如此良好的健身效益的基础,就是要基于科学、长期和适合个体的健身运动方案之上,而这就是非常具有个人运动针对性的"运动处方"。

鉴于上述观点可知,大众在参加健身活动时如果能秉承科学合理的原则,就能使机体的各项素质和整体机能保持在较高水平,进而提升身体的综合健康水平,使身体可以抵御一些常见疾病,而这些应该成为现代体育研究者着眼的研究方向。

二、大众健身运动处方的制定与实施

（一）健身运动处方的基本构成要素

1. 健身目标

每一个参与大众健身的运动者都有各自的健身目标,事实上也不存在没有目标的健身行为。能够获得预期的健身目的是健身者参与相关活动的直接动机,不仅如此,健身目标还是确定运动处方种类以及制定运动处方的重要依据。制定针对各人或某个群体的运动处方要依据主客观的各种因素,鉴于健身目标的多样性特点,目标的主观性主要表现为个人对运动的兴趣爱好,这是以情绪为核心的意愿需要,这方面动机的强弱决定了人们能否坚持运动很长时间。常见的参与大众健身的目标有健身需要、休闲放松、人际交往、拓展业务等。而客观性主要是健康状况、疾病程度及身体的活动能力等身体客观状况产生的需要,即是在人的身体不处于健康状态时促使人产生的运动动机。这是一种相对消极的健身动机,但在现实中这种动机驱使下的健身目标也影响了许多人参与运动健身的行为。

我们调研了解到,我国参与大众健身的人的健身目标主要为改善或提高身心健康状况、预防慢性病的发生、改善慢性病患者的健康状况等。

对于运动处方的制定来说,健身目标是最为基础的一个先决要素。举例来说,偏向于锻炼人体力量和柔韧素质的运动处方,目的在于通过锻炼,可以增加运动者某块肌肉或某一肌群的力量、肌肉体积,增加某些关节的活动范围,防治骨质疏松和关节疾病等;偏向于锻炼人体耐力素质的运动处方的目的,则为提高人的心肺功能、减肥、控制和降低血压、降低血糖或减缓胰岛素抵抗等;康复运动处方中,其首要考虑的目标就应该是最终达到的康复效果,具体如恢复正常步态、恢复正常生活能力、达到可使用辅助器具行走、恢复参加训练和比赛的能力等。

2. 健身方式

实践证明,在运动健身领域中,没有一种方式或项目可以锻炼到人体的各个部位或各种机能。为此,要想达到良好的锻炼效果,应选择至少三种运动项目作为经常参与的健身方式,且这三种项目还应该有所区别,力求囊括有氧运动、抗阻力运动和伸展运动。如此,才是一种最为科学的健身方式。

对于健身运动来说,有氧运动是最为常见的一种形式,其最重要的意义在于它对人体心肺功能、循环系统机能等的锻炼作用,并且还对预防心血管疾病和肥胖等现代社会文明病有良好效果。在大众健身运动中,常见的有氧运动形式有走跑运动、自行车骑行和游泳等。这些项目有一个相对共通的点,那就是多为在户外环境下开展,或是在户外环境下开展更加对运动者达到健身效果有利,而在户外环境下进行运动,也更能赋予有氧运动以新的"境界"。正因如此,有氧运动也就成为大众相对更为青睐的运动方式。

抗阻力运动的效果主要体现在增强运动者的力量素质、平衡能力以及其他肢体的功能,同时还能有效预防骨质疏松和延缓衰老。做抗阻力运动给运动者力量素质带来的提升主要依靠杠铃、哑铃等重复性练习方式来增强肌肉力量和肌肉体积。如果是为了提高身体的平衡能力和塑形,抗阻力运动的负荷就要控制在中小强度。

伸展运动的效果主要体现在增加运动者的柔韧素质。通过伸展运动,运动者的关节活动幅度、肌肉关节的伸展度等会得到最大的锻炼。不仅如此,伸展运动还可以有效预防颈部、腰部疾病,以及由肌肉僵硬引起的疼痛等问题。

3. 运动强度

运动强度,是指单位时间移动的距离或速度,或肌肉单位时间所做的功。对于运动处方的制定来说,运动强度是其中非常重要的一个要素。如果所设定的运动强度有误,不论是多还是少,都会给健身者的健身效果带来不利影响,健身目标也不容易达成。

为了设定一个合理的运动强度,应重点关注以下几点。

第一,运动者是否患有疾病。

第二,运动者的初始身体状态以及其适应运动强度的能力。

第三,对刚刚开始参加运动的人,确定其运动强度应先从下限起步,以后视其适应程度逐步增加强度。对那些经常参加运动的人,确定其运动强度则可以尝试强度范围的上限,以进一步激发其身体的潜能,但应在此之前征得运动者的同意。

第四,运动强度要与健身者的健身目的相同。

第五,运动者是否有服用心率干预类药物。

4. 运动时间

运动时间是衡量运动程度的一项指标,是指运动者维持运动过程所消耗的时间。在持续的周期性运动中,衡量运动量的算法就是用运动时间与运动强度的乘积。由此看出,只是通过运动时间这一单一数值,是不能判定运动者的运动量的。根据运动量的算法,只有固定住运动强度后,运动时间的时间才能成为决定运动量的要素。

在制定运动处方时,确定好一个合理的运动时间是非常关键的。过短的运动时间无法对机体产生足够的刺激,但如果运动时间过长,也会给机体带来过重的负荷。因此,合理的运动时间应该是根据个人的具体情况、健身目的及运动强度来设置的。最简单的确定运动时间方式为——以每次运动时间积累能达到健身目的为准。

运动时间的确定除了作为整个运动过程的衡量标准外,如果是在力量运动和柔韧运动当中,运动时间还应包括每组练习的时间、每组练习的间隔时间等。

5. 运动频率

大众健身中的运动频率,一般是指运动者每周参加体育锻炼活动的次数。事实上,人们要想通过大众健身的形式达到各种锻炼效果,只偶尔或不定期参加运动是不能达到稳定效果的,而是要将健身的意识落实到行动当中,切实将健身行为融入到日常生活中去,适应起一个长期、稳定的运动频率习惯。之所以如此,在于运动效果总是出现于每次运动时对人体产生良性作用的逐渐积累,即每次运动结束后都会产生一点良好效果,但这个效果是微小的,仅通过几次偶尔的运动是无法察觉的,然而如果是稳定且长期的积累,则最终会得到一个由量变到质变的蜕变过程。运动领域中的超量恢复理论也印证了这点,该理论认为一次运动后,运动对机体的良性作用如果完全消退,那么再进行第二次运动时的效果累积就不包含前一次的运动成果。不过运动频率也不是越高越好,如果在一次运动后,运动对机体的良性作用还没有表现出来就开始了第二次运动,则此时累积的就是疲劳。由此看来,运动频率是决定健身效果的一个重要因素,对其进行的确定需要依据运动者的健身目的和他们的身体状况。

6. 其他注意事项

参与运动健身的个体本质属性各有不同。因此,为了使每个人都能在运动健身中收获效益,同时确保运动安全,故应在合理确定上述健身运动元素的基础上,同时做好一些其他相关注意事项工作。例如,对于中老年健身者以及患有哮喘病的患者来说,在参与运动时要叮嘱他们时刻关注自身状况,谨慎参加一些过于激烈的运动项目,并且尽量携带快速治疗哮喘发作的药物;不同身体状况的健身者在一天中健身的时间段要有所考量,高血压患者的健身时间段应尽可能在白天,心血管患者或中年、老年人的健身时间段应尽可能在早晨8点以前,胰岛素依赖性糖尿病患者的健身时间段应避开空腹时的清晨等。

(二)健身运动处方的制定

1. 深入了解健身者的初始健康状态

对健身者的初始健康状况进行了解是制定运动处方的依据之一。对这一状况的了解可通过与健身者的交流或问卷等形式获得。具体要了解的信息为健身者的现病史、既往病史及生活习惯,问询有无心脏病、肺部疾病、代谢疾病、中风和猝死的家族史;有无新的医学诊断或外科手术的现病史;有无关节炎、关节肿胀等问题;有无吸烟、饮酒或其他特殊嗜好。最值得注意的信息就是其是否患有或曾经患有过心血管、肺部和代谢性等方面疾病。其余主要内容还有如下几项。

(1)晕、眩晕或晕厥。

(2)莫名出现异常疲劳的情况。

(3)休息或中等体力活动时出现呼吸困难。

(4)端坐呼吸或突发性呼吸困难。

(5)心肌缺血造成的胸颈部不适或疼痛。

(6)心悸或心动过速。

(7)心脏杂音。

(8)脚踝水肿。

(9)间歇性跛行。

2. 健身者的生活状态与习惯

对健身者的生活状态与习惯有所了解是制定运动处方的前期工作之一。对运动者生活状态了解包括他们日常的工作模式、生活模式、作息时间等。这些信息揭示的是个人在生活中的体力消耗状况，这是决定运动处方中运动量安排的重要信息。另外，对健身者生活状态与习惯信息的了解需要额外关注的还有他们的运动情况，如是否有运动的习惯、运动时间、运动项目、运动频率、运动感觉等。通过运动相关信息的收集有助于了解运动者的基本运动素质。

3. 运动处方的内容制定

在制定运动处方时，对其内容有一个基本的了解是非常有必要的。一个制定完备的运动处方应该可以显示出许多与运动相关的以及与运动者健身情况相关的详细信息。为此，在制定运动处方之前就需要与健身者进行充分沟通，对他们的基本情况有所了解，如有必要和条件，还可以对他们的健康状况、身体活动能力等进行测试与评估，这些结果都是制定运动处方的重要依据。具体来说，运动处方的内容应包括以下内容。

(1)健身者的姓名、性别、年龄、基础健康状况等基本信息。

(2)包括静息心率、血压、血常规指标、体脂、坐位体前屈等初始测试评价结果。

(3)健身目的。

(4)健身方式。

(5)运动强度。

(6)运动频率。

(7)准备活动项目与时间。

(8)整理活动项目与时间。

(9)注意事项。

(三)健身运动处方的实施

基于健身者的实际情况和秉承科学原则等制定出的运动处方,需要在制定完成后由健身者遵照执行,即严格按照处方中规定的运动周期、运动时间、运动项目、运动强度等开展运动。当健身者遵循运动处方进行了一段时期的运动后,其身体状况必然会出现一定的改变(通常这种改变是积极的)。这是因为会出现这种改变,所以在一段时间之后就很有必要对健身者新的身体状况进行测评,以了解在运动处方指导下的健身者的身体状况改变程度,其结果是进一步完善和改进运动处方的依据。由此使得,一个真正有效的运动处方总是会在一个阶段后出现一些要素的微调,而不是绝对稳定的状态。

健身者实施健身运动处方会经历准备部分、训练部分和结束部分三个环节。下面就对每一个部分中的情况进行说明。

1. 准备部分

运动处方中包含详细的准备部分内容,其是指导健身者关注准备活动,做好必要热身的。一个良好的热身有助于健身者在主体部分中充分调动身体能力,降低运动性伤病发生的几率。在实践当中,我国大众在意识层面上还缺乏对准备活动的重视。反映在行为上,就是感觉做准备活动是在浪费时间,于是便不做或象征性地做准备活动。对这一不良意识的转变还需要日后做好相关工作,这也是体现大众健身科学性的必然要求。

一般来说,大众健身运动的准备部分时间安排在 10~15 分钟。至于准备活动形式的确定,可以以健身者的年龄、身体活动能力等情况而定。常见的准备部分形式有有氧运动和伸展运动,如慢跑或各部位的活动操。不过,准备活动中的有氧运动强度要明显低于主体部分的强度,此时的有氧运动只是作为调动心肺功能状态的手段。身体各部位的活动操对增加身体关节和韧带灵活度有很好的帮助。另外,多种形式的、氛围更为轻松的体育游戏如今也是准备部分的好选择。

2. 主体部分

主体部分在运动处方中所占用的运动时间最长,主要的运动内容也是安排在这一部分当中。不同健身需求的人其主体部分所消耗的时间也不同。例如,以减脂为健身目标的人群主体部分中有有氧运动和抗阻力运动,所以这类人群的健身时间普遍较长,而选择健身跑运动以提升自身综合运动能力的健身者相比之下就不需要这么长的时间。另外,以强壮体型为健身目的的人群的运动处方主体部分中安排的更多是抗阻力运动,所以他们的运动时间就相对更短一些。

3. 结束部分

作为运动处方三大部分中的最后一个,结束部分的作用在于使运动者的身体机能由运动状态逐渐恢复到相对安静的状态。在结束部分中,主要的恢复形式为放松运动,常见的有放松操,或是抖手抖腿、原地踏步等。另外,一些静态的伸展和放松等动作也是恢复身体稳态的好方法。如果要使放松恢复的效果更好更快,可在结束部分完成后一段时间内适当补充营养。

第二节 大众健身的医务监督

一、儿童少年运动锻炼的医务监督

无可置疑的是,参加健身运动会给身体机能的发展带来良好影响,这点对于那些正处于身体发育期的儿童少年来说尤为重要。但同时,只有适当、科学、合理的运动才能带来积极效果,且尽管如此,其中还会存在一些难以避免的运动性伤病。为此,关注儿童少年的运动医务监督工作是保障他们顺利实现健身目标的基础。

(一)儿童少年运动锻炼的内容与形式

从项目上看,在儿童少年时期,他们可参与的健身运动形式多样,田径、体操、游泳、球类运动等都是非常理想的项目。儿童少年可以在健身运动中对周边的事物有更好的认知,最为基础的就是建立起他们的站、立、跑、跳等正确姿势,努力克服不正确的身体姿势或发育缺陷。如果是身体发育或健康方面有显著异常现象的儿童少年,则应根据具体情况减免体育锻炼,或是尝试通过专业的医疗体育锻炼手段进行治疗。

针对儿童少年开展的运动锻炼,要视男女生的不同发育阶段和特点区分进行。在青春发育期内,女生的内分泌状况变化较大,这会影响她们神经系统的稳定性,突出体现在完成某个动作时身体的平衡及协调能力有所下降。而她们心理特征的改变,也使她们对更多身体活动形式的体育锻炼兴趣大减。为此,对这个阶段的女生来说,首先要对她们循循善诱,提高她们的运动兴趣,并且在运动形式上适当减少平衡能力要求较高的动作。反观这个时期的男生,心理上会表现出争强好胜、高估自己能力的特征。鉴于此,在锻炼实践中要特别注意灌输给他们防伤和安全意识,同时做好运动组织的相关工作。

在儿童少年阶段的锻炼中,要重在展现锻炼的全面性,而不应过早将专项性运动训练的内容加入到他们的锻炼中去,也不应让他们参加过多的正式比赛。如果有必要在早期进行专项选材而开展专项训练,则在过程中要严格做好医务监督工作。

(二)儿童少年参与运动锻炼的运动量与运动强度

儿童少年的心脏与成年人相比更加适应短时间且紧张的运

动训练和比赛。究其原因,主要在于儿童少年的心脏每搏输出量和每分输出量的绝对值都是高于成年人的,不过相对值还是比成年人小的。在设定儿童少年的运动量和运动强度时,要关注他们的具体情况,对身心状况良好的儿童少年来说,可以适当安排一些运动强度大的,但运动密度稍小的运动,如此运动可以采取少量多组的形式进行,每组间保留有足够的休息时间。在儿童少年阶段,并不鼓励让他们参加一些大负荷的力量性和耐力性较强的运动项目。

儿童少年的肌肉耐受度不高,因此在运动中会更早感受到肌肉的疲劳,但这种疲劳可谓来得快退得也快。鉴于此特点,为儿童少年安排的运动可适当每周增加几次,一般每天进行一次运动,或每周的运动总次数达到四五次即可。另外,根据儿童少年的身体发育特征,在这个阶段应注重发展他们的柔韧素质,较少将运动的重点放在提升他们的力量和耐力素质上。对于运动的选择上,还要注意多选择那些有着正常呼吸要求的运动,较少选择那些需要屏气的运动。此外,运动指导者在指导儿童少年身体练习的同时,还不能忽视对他们进行体育健康理论教育和体育锻炼意识的指导与培养工作。

二、女性运动锻炼的医务监督

(一)女性月经期的运动锻炼医务监督

正处经期的女性适当参加一些体育锻炼对缓解经期带来的诸多不良生理反应是较为有效的,不过对于那些痛经者和经期前两天经血量较多时的女性则不便参加运动锻炼。适合女性经期参与的健身项目有健身操、羽毛球、乒乓球、台球等,这些项目的共同点在于可以提升女性的血液循环,改善盆腔内的血液供应。具体来看,运动使得女性的腹壁肌、盆腔肌的收缩和舒张交替进行,腹肌与骨盆底肌肉的收缩与放松活动对子宫所起的柔和按摩作用,可促进子宫内膜的剥离,这对经血的顺畅排出非常有益,同时还能大大缓解小腹下坠及胀痛感。

处于月经期间的女性多项身体机能会有所下降,如反应变慢、适应能力降低、神经灵敏性下降、困倦乏力等。为此,就要求女性在经期对运动项目的选择以及运动量的把控更加考究,以免不恰当的运动和过长的运动时间加重身体的疲惫感。

经期卫生始终是女性需要格外注意的事情,再加上特殊的生理构造,使得她们在经期中不宜参加游泳等运动。而对于那些月经量过多、过少、经期不规律、痛经以及有内生殖器炎症的女生而言,则不宜在经期参与体育运动锻炼。

(二)女性妊娠期和分娩后的运动锻炼医务监督

1. 女性妊娠期的运动锻炼医务监督

人们长期的观念认为,处于妊娠期的女性是不能参加体育活动的,但一系列研究表明,女性在妊娠期参与适量运动不仅不会损伤身体和胎儿发育,还会促进其生理功能完好。研究认为,女性在妊娠期参与适量体育锻炼有利于其神经系统的改善,还有助于消除孕妇的下肢浮肿、便秘以及随妊娠而发生的一些不适现象。由于锻炼对肌肉力量的保持作用以及对呼吸机能的维护作用,也使得女性为最终的分娩做好了机能准备。如果是平时几乎不会参与运动的女性,在妊娠期也可以参加一些运动量较小的活动,适应一下运动的感觉,具体的合适项目有如散步、保健操、上楼梯等,这些项目能起到一些加速新陈代谢、促进心肺功能提高的作用,对于减轻妊娠反应来说也大有帮助。此外,孕妇还应注意自身的体重。需要说明的是,大运动量的运动对于大多数孕妇来说都是不推荐的。而对于出现病理现象的孕妇,应避免从事一切运动锻炼,或是遵循医生的建议参加一些更有针对性的孕期医疗保健活动。

2. 女性分娩后的运动锻炼保健

对于已经分娩后一段时间的女性来说，参加一些适量的体育锻炼，可对腹壁和盆底肌肉、组织等恢复具有良好的促进作用，以期助其身体尽快得到恢复。

一般来说，女性在分娩后 6 周内盆底肌还没有完全恢复，尚不适宜久站、久蹲或负重等动作，以防止出现子宫脱垂的情况。分娩后的女性应尽快做一些医疗体育锻炼，这是促进她们血液循环、清除盆腔内淤血、预防血栓性静脉炎等的好方法。另外，针对性地增强腹肌和盆腔的肌肉力量，有助于子宫复位和分泌物的排除。

多数针对分娩后女性开展的医疗体育以体操为主要形式，还会配合一些手法。这类医疗体育活动在分娩后的第二天就可以开始。分娩后第二天，产妇可进行腹部局部的、轻柔的按摩，然后进行卧位胸式呼吸、腹式呼吸、抬头、伸臂、屈腿和踝部运动；分娩后第三天可进行一些转体和"挺腰"的运动；分娩后第四天可进行仰卧半起坐以及增强背肌和盆底肌的运动；分娩后第五天及之后可进行直腿抬高、仰卧起坐、坐位的腹背运动，以及下蹲和站立、扩胸、转体运动等。锻炼的频率为每天两次，每次 10~15 分钟。这种针对分娩后女性的医疗保健体育活动可用于绝大多数妇女，但不包括分娩后体温超过 38℃或出现产后感染、多项体征不稳的产后妇女。如果产后妇女出现子宫后倾、后屈等情况，应适当进行俯卧位、胸膝位或匍匐位的运动。对于那些伤口已经愈合的产妇，则可以尽早做一些针对腹肌和提肛的训练。

（三）女性更年期的运动锻炼医务监督

处于更年期的女性参加一些适宜适量的体育锻炼可助其减少和改善诸多这一阶段的身心不适症状。具体来说，适宜的体育锻炼可以调节更年期女性的神经系统功能，适度的力量练习还可有效防止钙流失，预防骨质疏松和减轻腰酸背痛等症状，总的来讲是对其身心的总体健康水平的维持和延缓衰退有着非常大的帮助。

就具体的运动项目来说,慢走、慢跑、健身操、游泳、太极拳等都是较为理想的项目。鉴于更年期女性的体能状况已经开始出现衰退,因此在运动时间和强度上要有仔细考量。对于大多数更年期女性来说,理想的运动时间为 30~50 分钟,运动时最高心率控制在 50%~70% 之间。对于此前没有健身习惯的更年期女性来说,开始运动时要秉承循序渐进的原则,对运动量的选择也要根据自身情况量力而行,不要一味求大求多。

(四)女性运动者常见运动疾病

1. 运动性直立调节障碍

经常运动的女性可能会患有直立性调节障碍。研究认为,这种情况多与女性的植物神经功能紊乱有所关联,至于详细的原因则还不能完全肯定。运动性直立调节障碍的突出表现为直立站位时头晕、心悸、眼前发黑等,甚至出现晕厥,而一旦采取卧位,则上述症状减轻或消失。

为了预防运动性直立调节障碍,可以冷水擦身、冷热水交替浴等为方法,来加强植物神经功能的锻炼,避免在炎热天时长时间站立以及服用一些抗晕车药物等。症状严重者应减少做那些需要体位急剧变动的技术动作,日常可服用维生素 B_1、谷维素、酒石酸麦角胺和灵芝片等药物作为调节的辅助方法。

2. 前交叉韧带损伤

女性运动者由于解剖结构的差异、关节松弛、激素及训练技术等诸多原因,很可能会发生前交叉韧带损伤的问题。已经有众多研究显示,髁间窝狭窄的运动员发生非接触性前交叉韧带损伤概率高 6 倍,不仅如此,女运动员体内雌激素的周期性变化也使韧带处于易损伤的状态。

为了改善前交叉韧带易受损伤的这种状况，首先就是要增强肌肉力量，特别是注重增加腘绳肌/股四头肌的比值。其次，增加一些膝关节的本体感觉训练以及纠正技术动作，也是对这种问题较为有效的预防措施。

3. 运动性月经不调

运动性月经不调是女性运动者运动后的一类特殊医学问题。运动性月经更多是以闭经的形式出现，如此使得运动性月经不调也被称为"运动性闭经"。

导致这种情况出现的原因通常与黄体期缩短、雌激素浓度降低、体脂百分率过低以及剧烈运动造成下"丘脑—垂体—性腺轴"的调节失控有关。症状多为继发性闭经、月经周期紊乱、骨质疏松、全身疲乏无力、体能状况不佳等。

如果月经不调的形式为继发性闭经或月经周期紊乱的话，则主要以膳食营养调配为主要调节手段，要注意增加维生素和矿物质类营养的补充，特别是要摄取总量不少于1500毫克/天的钙质。如果出现了闭经6个月甚至以上的情况，则需要对其进行骨密度测量，并要提示其注意防止应激性骨折。

三、中年人运动锻炼的医务监督

（一）中年人的生理特征

通常认为年龄处于45—59岁的人群为中年人群体。身处中年的人的身体是一个较为重要的转变期，进入中年期，人的心血管系统、呼吸系统、神经和内分泌系统以及其他系统会出现严重的退化现象。在这一阶段中，中年人会感到身体活力大不如前，身体对外界环境的适应能力也开始下降。中年人的肌肉、骨骼和关节等运动系统机能出现退行性变化，运动能力也会大不如前，具体表现为体能下降速度更快、身体平衡能力降低、灵敏性和柔韧性降低等。

众多研究和统计结果显示,人体衰老的最快速度通常在50—59岁的年龄中。在人的老年时期出现的许多疾病,很多都是从中年时期开始出现的。鉴于此,中年人经常参加一些体育锻炼,并做好相应的医务监督,是可以避免过早衰老和最大限度地维持体质健康状况的,这也是为日后进入老年时期打下一个良好的体质基础。

(二)中年人运动锻炼的医务监督

通过参与适宜的体育健身运动,可使中年人的体质水平和健康程度得到巩固,并延缓他们身体的衰老速度。然而此时的锻炼要注意遵循安全、有效和科学的原则进行,此过程中也不能忽视医务监督工作。

适合中年人参加的体育健身项目有健身操、器械练习、小球类运动、登山、健身走跑、游泳等。适合中年人的运动强度为最大心率的70%~85%或是最大摄氧量的50%~70%。中年人的运动时间为每次30~50分钟,每周三或四次即可。

中年人的运动医务监督工作是不容忽视的。对于那些过去很长时间内没有运动习惯的中年人,在开始长期有规律参加运动锻炼前应进行一次较为全面的体质检查,以此全面了解自身的健康状况以及在运动中可能会出现哪些安全隐患,并基于此制定一套针对性较强的运动计划。中年人在选择运动项目时要尽可能避免哪些较为剧烈或身体对抗较多的运动,如在运动中感到不适,或身体出现不良反应,则应暂停运动后观察,如无大碍则可以先调整运动量或休息一段时间,确定症状消失或不影响运动后再行开始运动。

四、老年人运动锻炼的医务监督

(一)老年人的生理特征

通常认为年龄超过60岁的人群就是老年人群体。老年人群体拥有一些类似的生理特征,主要表现为皮肤松弛、变薄,皱纹增多,牙齿松动,各种老年斑和老年紫癜出现,另外还有头发逐渐变白且脱落、体能下降、易疲劳、抵抗力减弱、适应能力低、骨骼质量降低、呼吸机能减退、心搏血量和心输出量减少、身体柔韧度降低以及反应变缓等。而如果60岁以上的老年人能坚持每天都安排一些时间参与一些健身活动,则可以延缓他们的衰老速度和维护好体能状况,如此可提高老年生活质量。

（二）老年人运动锻炼的医务监督

老年人经常参加体育锻炼对延缓衰老有着较大作用。最能体现运动锻炼对老年人益处的地方,主要是对老年人的骨骼任性和密度有着不错的改善和维持作用,这对缓解老年人经常出现的骨质疏松症状有很好的预防效果；维持老年人的心肌收缩力量,促使心脏功能良好,这也对老年人经常出现的高血压、冠心病等心脑血管病症有很好的预防效果；防治老年性气管炎和哮喘；改善神经机能,提高机体对外界环境的适应能力；全面提升老年人身体的免疫力及抵抗力。

老年人患心脑血管疾病的几率很高,这使得他们对外界变化的环境适应力较低,为此,做好老年人运动锻炼的医务监督工作显得更为重要,这一方面是能保障老年人的运动锻炼效果,另一方面还能预防运动性伤病的发生几率以及防止运动中的其他意外事故。

在正式参加长期的运动锻炼前,老年人应先做一次全面的身体检查,确定身体状况符合运动要求后才能参与其中。在选择运动项目和运动量时要格外考究,严格按照运动处方中的要求和方法进行锻炼。[1]

（三）适合老年人的运动项目

传统健身运动观念认为,一些耐力性项目更加适合老年人参

---

[1] 顾丽燕.运动医疗监督[M].北京:北京体育大学出版社,2009.

加,而应该较少参加那些对速度素质和力量素质要求较高的运动项目。力量性运动要经常在屏气状态下完成,而屏气对老年人的心血管系统不利。然而,最新的研究结果都指向了老年人也可以适当参加一些力量性运动。其观点认为,肌肉力量的减弱是人衰老的最显著特征之一,正是由于肌肉力量的下降,导致之后连带会出现诸如工作能力下降、易疲劳以及劳损情况。所以,有学者就认为通过延缓老年人力量素质的下滑速度,达到延缓其他方面衰老的目的。

适合老年人参加的项目具体有健身走、慢跑、游泳、登山、广场舞、网球、高尔夫、门球、台球、沙壶球等。传统体育项目中太极拳、太极剑、太极扇、养生气功等都是非常理想的项目。下面就对其中最为常见的太极拳、健身跑和步行进行说明。

1. 太极拳

太极拳动作舒缓、连绵不断,其过程中还要与呼吸配合。在习练太极拳中,肌肉并非是僵硬的状态,而是大部分时间处于相对放松的状态,同时人的思想也高度集中。目前,在大众体育健身中流行最为广泛的为简化二十四式太极拳。

2. 健身跑

健身跑在全世界范围内都是非常经济且效果显著的运动形式。跑步对身体的锻炼可谓非常全面,同时拥有适龄性广的特点。对于老年人来说,健身跑也是在众多有氧运动中属于性价比很高的一项。在参加完健身跑后,老年人的精神状态和心理状态都会有所改善,身心体验颇佳。特别是对那些退休老年人来说,由于刚刚从紧张忙碌的工作节奏中转换到缓慢轻松的节奏中,许多老年人感到不适应,如果没有良好的疏解渠道则易产生孤独、寂寞、情绪压抑等精神和心理问题。通过参加健身跑运动,则能在消除这些心理问题上也提供不小的帮助,实践中也是效果显著。

3. 步行

步行是一种开展非常简单、普遍、性价比超高的运动形式,其运动特点非常适合老年人群体。对于那些不能承受慢跑负荷的老年人来说,选择步行也是较为理想的。当人在步行时,体内有60%～70%的肌群都参与了活动,长期坚持则可以增强下肢肌肉力量,维持关节的灵活度,促进身体新陈代谢,改善身体有氧能力。另外,其还能促进老年人精神状态的提升以及对保持平稳情绪有益。

第三节 大众健身效果的科学测评

一、对大众体适能的测评

(一)体适能的构成

人体的体质涉及众多内容。体适能的构成包括健康体适能、技能体适能和代谢体适能。其中,每种体适能都能有针对性地反映出人体不同机能的状态,进而通过对体适能的测评就可以反映出人体的体质水平。下面就对上述三种体适能进行详细分析。

1. 健康体适能

就人们一般关心的多种健康问题来说,与之关系最密切的就是健康体适能。健康体适能反映的是人体较为基础的机能能力,它包括心脏、肺、血管、肌肉等的理想工作能力。健康体适能除了反映出基础的身体健康维护能力外,还是保证机体完成日常工作、学习以及降低慢性疾病危险因素出现的条件。

如果对健康体适能进行进一步细分的话,还可以有身体成分、有氧适能、肌肉适能和柔韧度等内容。

(1)身体成分

身体成分,是指体内各组成部分所占身体成分的相对百分比。日常最常见的身体成分测量主要是对体内脂肪含量的比重进行的测量。一般来说,一个良好的健康体适能必定要有一个合理的体脂率。体脂率失衡、过高或过低,都不利于身体的健康。过高的体脂从人的外在形态上会表现出肥胖的样子,看起来显得臃肿、不精神,但脂肪过多对健康的最大影响还在于内在方面,它会诱发心脏病、高血压、糖尿病、脂肪肝等多种疾病。过去人们对健康的评判标准相对片面,许多人认为体重轻、看起来人很瘦就是不健康,而认为那些憨憨胖胖的身材的人才是健康,实际上这并没有科学依据。此后随着科学研究,人们逐渐认识到过高的体脂含量是健康"杀手",为此,人们谈脂色变,纷纷加入减肥大军。同时改变的还有人的审美,认为瘦是一种美。然而过瘦的体形,以及过低的体脂率也是不利于身体健康的,甚至会损害身体。实际上,体脂含量与体重并不是一个概念,对于身体状态的评判,以体脂占比多少作为标准更加准确。以体脂率来评判肥胖程度,据此再进行有针对性的运动和膳食平衡,最终实现控制恰当体脂率、增进身体总体健康水平的目的。

除了体内的脂肪含量外,其他身体成分也需要保持在恰当的比例上,这样才最有利于维持好的身体状态和生理机能。

(2)有氧适能(心肺血管适能)

有氧适能,是指机体的心脏、血管、肺脏从空气中摄取、携带和输送氧气到组织细胞,供组织细胞利用的能力。人体通常都是在有氧的条件下开展活动的,有氧适能反映的就是机体在这种条件下工作的效能指标。拥有良好有氧适能的人普遍具有相当不错的心、肺与血管功能,这是人们可以长时间开展学习、工作乃至运动的基础保障,同时这也是延缓疲劳出现以及疲劳后快速恢复的重要条件。总的来说,有氧适能水平较高的人,特别是在运动行为中会表现得更有效率,体能更出色。

(3) 肌肉适能

肌肉适能有肌肉力量和肌肉耐力两个方面。肌肉力量可以非常直观地表现出来,它是肌肉对抗某种阻力时所产生的力量。而肌肉耐力则是肌肉反复收缩或持续用力工作的能力。将肌肉适能纳入到体适能范畴是从 20 世纪 90 年代开始的,这要求人们在关注心肺能力的同时也不能忽视肌肉的机能能力。

肌肉适能是人体体适能状况的重要影响因素。确切地说,人体体质的提升很大程度上依赖肌肉做功的方式来实现,这是因为任何增进体质的运动都要依靠肌肉的收缩等活动来完成。如此一来,肌肉适能的状况是否良好,就直接决定了运动质量。如果肌肉适能因某种原因出现减退,肌肉的力量减弱,肌肉耐力衰退,此时的肌肉不能再像过去那样支撑运动或日常活动,人们就会经常感到疲劳,甚至会形成各种慢性的骨骼肌肉系统创伤。对于老年人群来说,进行适当的肌肉锻炼可以缓减腰背疼痛和行动迟缓等现象,增强老年人的自理能力和生活质量。

对于专门从事运动的运动员来说,肌肉适能是绝对不能缺少的核心训练项目。对绝大多数运动项目来说,都需要运动员有出色的肌肉力量予以支持,如果肌肉的力量或耐力不足,不仅不能支持正常的训练和比赛,甚至还会增大运动损伤的风险。一系列研究表明,只要参加科学且规律的负重练习,就可以提高肌肉能力,改善神经对肌肉的控制能力,维持肌肉质量,强化肌腱、韧带、关节囊等软组织的强度。

(4) 柔韧度

柔韧度,是指身体各环节屈、伸、转、弯、扭的能力。简单说来,就是人体各关节在没有痛感的情况下做出的最大活动范围。相比于肌肉力量和耐力等素质来说,柔韧度在众多身体素质中的作用并不突出,它不是那些对体适能具有决定性影响的一项,但它对于保持人体运动能力,保持运动灵敏性平衡性以及防止运动损伤等方面的作用也是不可或缺的。拥有出色的柔韧度,可使运动者的关节更轻松地做出全范围活动,对预防关节急、慢性损伤都有很好的作用。除此之外,良好的身体柔韧度还能预防关节僵硬老化的发生,这对人进入中老年时期后的身体情况保持良好状态有较大帮助。

2. 技能体适能

技能体适能,是反映人体从事各种运动的技能能力。技能体适能包含许多内容,每项内容都对人对某种运动技术的掌握产生影响。但在事实上,人的这些技能体适能很难样样精通,总是会有一些特别擅长,而另一些则是短板。不同技能体适能的内容可以通过后天的训练予以强化。拥有出色技能体适能的运动者更容易掌握运动中的技战术动作。鉴于此,技能体适能也被称作竞技体适能。下面就对技能体适能中的几项具体内容进行详细分析。

(1)反应时。反应时是身体从接受刺激到对刺激做出反应的时间间隔。拥有更快反应时的运动者在那些对快速反应有着较高要求的运动中会更占有优势。乒乓球、羽毛球等小球运动就非常注重运动者的反应时,这会让运动者在最短的时间内做出正确的反应,并且将思维传递到身体,达到"眼到、脚到、手到"的程度。

(2)速度。速度包含的种类非常多,这里的速度指最为直观的身体短时间快速移动的能力。许多运动都对运动者的速度素质有较高的要求,无论是身体的移动速度、技术动作的动作速度,还是动作与动作之间的衔接速度等。

(3)灵敏性。灵敏性指身体迅速、准确地改变位置和运动方向的能力。在一些对运动者灵巧性要求较高的运动中,灵敏性较好的运动者更能占有比赛的优势,这些运动项目包括乒乓球、羽毛球、篮球等急起急停、左右变向类动作较多的运动。

(4)爆发力。爆发力是身体以最短的时间和最快的速度将能量转化成力量的能力。在短跑、短距离游泳、短道速滑、足球、篮球等运动项目中需要运动者更多的爆发力。

(5)协调性。协调性指身体运用机体本体感觉在活动和运动中流利、准确和协调地完成动作的能力。几乎所有运动都对运动者的身体协调性有要求,而像体操、体育舞蹈、田径等项目对运动者的协调性要求就会更高。拥有较好协调性的运动者无疑在运动中会更加游刃有余,对新技术的学习也会更快掌握。协调性不足的人可通过后天的培养予以弥补。

(6)平衡性。平衡性指身体维持稳定或运动中维持平衡的能力。平衡性不足的人可通过后天的培养予以弥补。大众健身中的许多项目都对运动者的平衡性有一定的要求,如瑜伽、形体训练、体育舞蹈等。与男性相比,女性的平衡性更好。

3. 代谢体适能

代谢体适能之于前两种体适能来说是最新纳入到体适能体系中的一个,其包括血糖、血脂、血胰岛素、骨密度等。

代谢性体适能水平如何也会对运动的效果构成影响。反过来,运动也能促进人体的代谢,如可以降低血脂水平、控制血糖、提高骨密度,从而增强机体代谢性能力。如今,人们有许多生产活动都是以在室内久坐操作电脑的形式进行的,久坐使体能循环代谢速度减慢,体重长时间落于臀部,更对下身的循环不利,长此以往就会患上消化、泌尿、生殖等系统的疾病。而通过有规律地参加运动,就可以对此问题有所缓解和预防。

(二)健康体适能的测量与评价

一般来说,可以通过测量有氧适能、肌肉质量和肩部柔韧度来对人体的健康体适能进行评价。

1. 有氧适能的测试

(1)12分钟跑测试

12分钟跑是一种目前较为常用的评价人体有氧适能的方法。

测试场地为一块400米跑道。测试方法为在计时开始后尽量快跑,但要注意合理分配体能,不应做全速跑和冲刺跑。当感到呼吸困难时可适当减慢速度以调整呼吸。

12分钟跑由于运动负荷较大,因此更适合30岁以下的青年、青少年进行。

(2)台阶测试

台阶测试在目前也是一种常用测量人体有氧适能的方法。其优势在于可在室内进行,且对任何身体状况的人都较为适用。再加上开展测试所用的设备简单、便宜,可在短时间内完成,因此也受到许多检测单位的青睐。

针对不同群体,台阶测试的台阶高度有所不同。常用的标准为成年男性50.8厘米,成年女性42厘米。根据受试者的不同情况,还可以对台阶的高度做一些调整。

台阶测试的步骤如下。

①确定节拍。测试中要求的节拍上下算作1次,要求受试者每分钟踏30次,测试时间为3分钟。对受试者上下台阶的动作要求为左右腿交替上下,每次上下后上体和双腿必须伸直。

②测试。运动后立即在相对静止的状态下测量运动后1分钟至1分钟30秒、2分钟至2分钟30秒、3分钟至3分钟30秒三个恢复期的心率。然后记录下这几个心率。

③评定。指数计算公式如下。

$$评定指数 = 台阶运动持续时间(秒)/2 \times (恢复期3次心率之和) \times 100$$

(3)活动平板(跑台)运动试验

活动平板定量运动试验是一种较为可控和可测量的试验。此外,其可配合心电图、气体代谢等检查的特点也让这种试验相比其他测试方法更具优势。

2. 肌肉质量的评价

(1)肌肉力量的评价

①等长肌力测量。

等长肌力的测量是一种对肌肉肌力的绝对测量,其过程中几乎没有关节的参与,是测量关节在某一角度的肌力。常用的等长肌力测量包括握力、背肌力、臂力与腿力。

②等张肌力测量。

仰卧推举、负重蹲起、双手卷举、仰卧起坐等是常用的测量等张肌力的方式。由于是测量最大肌力,因此都是以一次重复最大为代表,即肌肉一次所能举起的最大重量。重量的数值越大,代表运动者的等张肌力水平越高。

③等速肌力测量。

等速肌力测量在运动医学领域中的使用较为广泛,这种测量肌力的方法要求肌肉做速度相等的收缩,且需要仪器辅助。

(2)肌肉耐力的评价

①动力性肌肉耐力。

动力性肌肉耐力评价是通过某一动作的重复次数进行评定的方法。例如,在规定时间内做蹲起动作、举哑铃动作等动作的次数。

②俯卧撑测试。

俯卧撑测试主要评价的是躯干上部的动力性肌肉耐力水平。单位时间内完成动作的次数越多表明躯干上部的肌肉耐力水平越高。

③仰卧起坐测试。

仰卧起坐测试主要评价的是腹部肌肉群的动力性耐力,单位时间内完成动作的次数越多表明腹部动力性肌肉耐力水平越高。

3. 肩部柔韧度测试

肩关节柔韧度是指肩关节活动幅度。对肩关节的灵活性和活动幅度进行测试可以反映出肩关节的柔韧程度。

(1)摸背法

受试者自然站立,左右手一只从同侧肩上后伸,一只从同侧背部上伸,两手向背中央靠拢,在肩胛骨中央两手指会合。然后测试者测量左右手指重合情况,重合越多表示肩部柔韧度越好。

(2)握棒直臂转肩法

受试者双手握体操棍,双手直臂前举,然后向后转肩呈后举。

测量时可要求受试者逐渐改变双手的握距,以越短的握距完成这一动作,表明肩部的柔韧度越好。

二、国民体质测定标准

(一)幼儿部分

1. 适用对象的分组

(1)分组和年龄范围

《国民体质测定标准·幼儿部分》主要是针对 3—6 周岁的幼儿。具体的分组方式为以年龄、性别作为依据,3—5 岁每 0.5 岁为一组,6 岁为一组。男女共计 14 个组别。

(2)年龄计算方法

① 3—5 岁者。

测试时已度过当年周岁日,且超过 6 个月的幼儿,按照如下公式计算:

$$年龄=测试年-出生年+0.5$$

测试时已度过当年周岁日,且不满 6 个月的幼儿,按照如下公式计算:

$$年龄=测试年-出生年$$

测试时未度过当年周岁日,且距生日 6 个月以下的幼儿,按照如下公式计算:

$$年龄=测试年-出生年-0.5$$

测试时未度过当年周岁日,且距生日 6 个月以上的幼儿,按照如下公式计算:

$$年龄=测试年-出生年-1$$

② 6 岁者。

测试时已度过当年周岁日,按照如下公式计算:
$$年龄＝测试年－出生年$$
测试时已度过当年周岁日,按照如下公式计算:
$$年龄＝测试年－出生年－1$$

2. 测试方法

测试内容包括身体形态和身体素质两类,如表 5-1 所示。

表 5-1　测试内容

类别	测试内容
身体形态	身高 体重
身体素质	10 米折返跑 网球掷远 双脚连续跳 坐立体前屈 走平衡木

3. 评定方法与标准

评定方法为单项评分和综合评级两种。其中,单项评分包括身高、体重以及其他单项指标评分。普遍采用 5 分制。

将受试者各单项得分相加,然后进行综合评级。综合评级有四个等级之分,根据受试者总得分的不同相应划归到一级(优秀)、二级(良好)、三级(合格)、四级(不合格)之中。需要注意的是,如果受试者的某单项指标没有分数,则不能进行综合评级(表 5-2)。

表 5-2　综合评议表

等级	得分
一级（优秀）	>31 分
二级（良好）	28—31 分
三级（合格）	20—27 分
四级（不合格）	<20 分

（二）成年部分

1. 适用对象的分组

(1) 分组和年龄范围

《国民体质测定标准·成年人部分》主要是针对 20—59 周岁的成年人。具体的分组方式为以年龄、性别作为依据，每 5 岁为一组。男女共计 16 个组别。

(2) 年龄计算方法

测试时已度过当年周岁日，按照如下公式计算：

$$年龄 = 测试年 - 出生年$$

测试时未度过当年周岁日，按照如下公式计算：

$$年龄 = 测试年 - 出生年 - 1$$

2. 测试内容

测试的内容有身体形态、身体机能和身体素质三大类（表 5-3）。

表 5-3　测试内容

类别	测试内容	
	20—39 岁	40—59 岁
身体形态	身高　体重	身高　体重
身体机能	肺活量—台阶试验	肺活量　台阶试验

续表

类别	测试内容	
	20—39 岁	40—59 岁
身体素质	握力	
	俯卧撑（男）	
	1 分钟仰卧起坐（坐）	握力
	纵跳	坐位体前屈
	坐位体前屈	选择反应时
	选择反应时	闭眼单脚站立
	闭眼单脚站立	

3. 评定方法与标准

评定方法为单项评分和综合评级两种。其中，单项评分包括身高、体重以及其他单项指标评分。普遍采用 5 分制。

将受试者各单项得分相加，然后进行综合评级。综合评级有四个等级之分，根据受试者总得分的不同相应划归到一级（优秀）、二级（良好）、三级（合格）、四级（不合格）之中。需要注意的是，如果受试者的某单项指标没有分数，则不能进行综合评级（表 5-4）。

表 5-4　综合评级标准

等级	得分	
	20—39 岁	40—59 岁
一级（优秀）	>33 分	>26 分
二级（良好）	30—33 分	24—26 分
三级（合格）	23—29 分	18—23 分
四级（不合格）	<23 分	<18 分

(三)老年人部分

1. 适用对象的分组

(1)分组和年龄范围

《国民体质测定标准·老年人部分》主要是针对60—69周岁的老年人。具体的分组方式为以年龄、性别作为依据,每5岁为一组。男女共计4个组别。

(2)年龄计算方法

测试时已度过当年周岁日,按照如下公式计算:

$$年龄 = 测试年 - 出生年$$

测试时未度过当年周岁日,按照如下公式计算:

$$年龄 = 测试年 - 出生年 - 1$$

2. 测试内容

测试的内容有身体形态、身体机能和身体素质三大类(表5-5)。

表5-5 测试内容

类别	测试内容
身体形态	身高 体重
身体机能	肺活量
身体素质	握力 坐位体前屈 选择反应时 闭眼单脚站立

3. 评定方法与标准

评定方法为单项评分和综合评级两种。其中,单项评分包括身高、体重以及其他单项指标评分。普遍采用5分制。

第五章　大众健身科学发展的保障体系探析

将受试者各单项得分相加,然后进行综合评级。综合评级有四个等级之分,根据受试者总得分的不同相应划归到一级(优秀)、二级(良好)、三级(合格)、四级(不合格)之中。需要注意的是,如果受试者的某单项指标没有分数,则不能进行综合评级(表5-6)。

表 5-6　综合评级标准

等级	得分
一级(优秀)	>23 分
二级(良好)	21—23 分
三级(合格)	15—20 分
四级(不合格)	<15 分

第六章 社区常见健身器材活动实践挖掘

社区体育是非常重要的大众体育组成形式。为此，政府有关部门在社区中打造了数量不少的全民健身路径，其中就包括许多健身器材。本章重点对这些社区中常见的健身器材使用方法进行实践挖掘，以期让广大健身爱好者能更好地使用这些器材开展健身活动。

第一节 社区上肢健身器械实践指导

一、臂力训练器动作过程

（一）器械健身功能

臂力训练器的设计是要求两人共同完成的器材。臂力训练器由拱形横梁链接的两根立柱、转轮等组成（图6-1）。用于锻炼的核心部件是对称的两个转轮，两名健身者分居器材两侧，共同转动转轮开展手臂力量的锻炼。

（二）动作过程指导

（1）准备动作：两名健身者分别位于转轮两侧，面对转轮站立，双手握转轮边缘。

图 6-1

（2）动作过程：动作开始后，两人同时向左用力，此时两人就形成了一组对抗的力，然后再改变方向向右努力转动转轮，使双臂的肌肉得到均衡锻炼和发展。如此重复 4~6 次。

（3）注意事项：两人的用力方向要互相协调。当处于对抗用力过程中时，一方不可突然撤力。

二、上肢牵引器动作过程

（一）器械健身功能

上肢牵引器的构造包括立杆、挑杆、滑轮和牵引绳索等部件。在绳索的下面还安装有供人握持的把手（图 6-2）。

图 6-2

（二）动作过程指导

（1）准备动作：健身者背对牵引器正直站立，双手分别握住两个把手。

（2）动作过程：动作开始后，健身者左右手交替向下牵拉绳索，反复进行这一动作。

（3）注意事项：动作过程中身体的重心始终在两腿之间，两臂的上下牵拉动作要在有控制的情况下进行。其过程中要尽量避免出现斜拉用力的方式。

三、太极揉推器动作过程

（一）器械健身功能

太极揉推器的设计依据是我国的太极推手运动。太极揉推器的构造为支架和转盘。转盘以斜向约60°角成对安装，以配合推手动作的完成（图6-3）。

图 6-3

（二）动作过程指导

1. 太极推手

（1）准备动作：健身者面对器材站立，两脚分开、屈膝下蹲。双手按压同一个盘面，双臂自然放松微屈。

(2)动作过程:动作开始后,腰臂协同用力,先按顺时针方向转动转盘,在转动几圈后再变换为按逆时针方向转动。

(3)注意事项:以手带身协同运动,身体重心随手适时变换。

2. 太极双盘推手

(1)准备动作:健身者面对器材站立,两脚分开、屈膝下蹲。双手分别按压两个盘面,双臂自然放松微屈。

(2)动作过程:两手对于转盘的转动应为同时向内或同时向外转动。一外一内的转动方法是不正确的。

(3)注意事项:将身体重心稳定地控制在两腿之间。

四、鞍马训练器动作过程

(一)器械健身功能

鞍马训练器的构造包括扶手和鞍马座(图 6-4)。

图 6-4

(二)动作过程指导

1. 斜卧撑

(1)准备动作:健身者面向器械站立。

(2)动作过程:动作开始后,双手握扶手,身体与器材呈一个斜面俯撑的姿势。然后按俯卧撑的方式做斜面卧撑的练习,过程中腰腹也要适当发力以保持身体的平直。

(3)注意事项:注重腰腹部位的发力。

2. 直臂侧撑

(1)准备动作:健身者面向器械站立,双手握住扶手,身体展直成斜面俯撑姿势。

(2)动作过程:身体向左翻转 90°,成右臂支撑,左臂上举的侧撑姿势,其过程中腰腹也要适当发力以保持身体的平直,然后还原成斜面俯撑姿势,几次之后另一臂继续练习。

(3)注意事项:支撑姿势转换时需顶肩、收腹、展髋,注重腰腹部位的发力。

3. 俯撑平衡举腿

(1)准备动作:健身者面向器械站立,双手握住扶手,身体正直成斜面俯撑姿势。

(2)动作过程:健身者保持俯撑姿势,右手左腿同时抬起,与身体成一平面。在练习一段时间后换另一侧继续练习。

(3)注意事项:支撑臂直臂顶肩,注重腰腹部位的发力以维持身体平衡。

4. 直臂仰撑

(1)准备动作:健身者背对器械站立,双手握扶手,身体保持正直的仰撑姿势。

(2)动作过程:动作开始后,做手臂屈撑、推直动作,腰腹肌也要积极发力。

(3)注意事项:手臂屈撑,注重腰腹部位的发力以维持身体保持平直的姿态。

5. 直角支撑

(1)准备动作:健身者面向器械站立,双手握扶手。

(2)动作过程:动作开始后,健身者直臂支撑,收腹举腿使身体成直角支撑姿势。

(3)注意事项:直臂支撑、顶肩、收腹,双腿并拢伸直。

第六章　社区常见健身器材活动实践挖掘

第二节　社区下肢健身器械实践指导

一、健骑机动作过程

（一）器械健身功能

健骑机，因其造型及使用时的姿态而得名。健骑机的构造包括底座、座鞍、脚蹬及把手等部件（图6-5）。

图 6-5

（二）动作过程指导

（1）准备动作：健身者坐在座椅上，双脚踏踏板，双手握把手，上体始终保持正直。

（2）动作过程：动作开始后，双腿向下用力蹬伸，同时双臂将把手拉至腹前，直至双腿和双手的蹬伸和拉回到最大限度。然后腿、臂放松还原到准备位置。反复完成此动作。

（3）注意事项：上下肢要协同用力，动作要达到最大限度，身体要充分伸展。

二、漫步机动作过程

（一）器械健身功能

漫步机是由底座、斜型支撑、把杆、悬臂及踏板等部件组成（图 6-6）。根据健身者的不同锻炼形式，漫步机还能分为以锻炼下肢为主的漫步机或以锻炼上肢为主的漫步机。一般在社区健身器材中，这两种漫步机都较容易见到。

图 6-6

（二）动作过程指导

（1）准备动作：健身者双手握住杠，双脚踩在两个踏板上，上体保持正直。

（2）动作过程：动作开始后，左右腿可同时向前、向后做摇摆运动，也可以左右脚一前一后分别做行走动作。

（3）注意事项：为了安全应握紧把手，其过程中两腿应自然协调迈步。

三、压腿器动作过程

(一)器械健身功能

压腿器由立柱和压腿横杠组成。压腿器有单一出现的形式,也有成组合(不同高度)出现的形式。之所以有不同高度,是为了满足不同柔韧性和不同身高的健身者使用(图 6-7)。

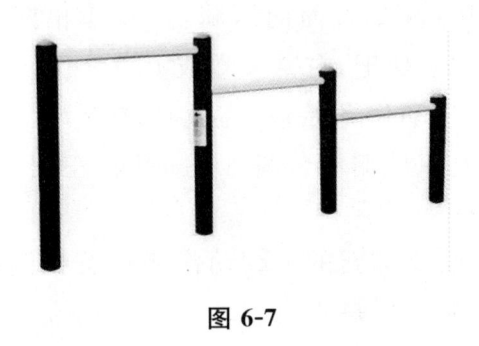

图 6-7

(二)动作过程指导

1. 前压腿

(1)准备动作:健身者面向压腿器,身体稍向右转站立,将左腿放在横杆上,右手扶把,左臂上举。

(2)动作过程:动作开始后,上体前屈下压,腹、胸、下额尽量下探试图贴近左腿,在下压的最大限度时稍停留一些时间,然后上体立直还原。左腿完成练习后交换到右腿继续练习。

(3)注意事项:压腿时两腿保持伸直的动作,上体的下压和抬起动作要以较慢的速度进行。

2. 侧压腿

(1)准备动作:健身者面向压腿器,身体稍向右转站立,将左腿放在横杆上,左手扶把,右臂上举。

(2)动作过程:动作开始后,上体向左侧屈下压,左肩尽量靠近膝盖,右手尝试够左脚,充分拉伸侧腿,然后上体立直还原。在下压的最大限度时稍停留一些时间,左腿完成练习后交换到右腿继续练习。

(3)注意事项:压腿时上体尽量保持在一个平面屈伸,上体的下压和抬起动作要以较慢的速度进行。

3. 后压腿

(1)准备动作:健身者面向压腿器,身体稍向右转站立,将右腿放在横杆上,左手扶把,右臂叉腰或上举。

(2)动作过程:动作开始后,左腿屈膝下蹲,用力拉伸腿部后腿,在下压的最大限度时稍停留一些时间,左腿完成练习后交换到右腿继续练习。

(3)注意事项:支撑腿的下蹲动作要在有控制的情况下完成。其过程中上体应始终保持正直。

4. 踢腿练习

(1)前踢腿

①预备姿势:健身者以左肩对着压腿器,左腿作为支撑,右脚后点地。左手扶杠,右臂侧举或叉腰。

②动作过程:动作开始后,右腿伸直向前上发力踢,然后还原到初始位置。重复几次后换另一只腿继续练习。

③注意事项:大腿主动发力向前踢起,上体始终保持直立状态,髋部对腿的踢动动作要有所控制。

(2)侧踢腿

①预备姿势:健身者面向单杠,左腿作为支撑,右脚侧后点地,双手扶把。

②动作过程:动作开始后,右腿伸直经侧向上发力踢,然后还原到初始位置。重复几次后换另一只腿继续练习。

③注意事项:大腿主动发力向侧方踢起,上体始终保持直立

状态。

(3)后踢腿

①预备姿势:健身者面向单杠,左腿作为支撑,右脚侧前点地,双手扶把。

②动作过程:动作开始后,右腿向后、向上发力踢,然后还原到初始位置。重复几次后换另一只腿继续练习。

③注意事项:大腿主动发力向后踢起,上体稍向前倾,腿尽量伸直。

四、双柱四位蹬力器动作过程

(一)器械健身功能

双柱四位蹬力器由座椅、把手、挡板等部件构成(图6-8)。

图 6-8

(二)动作过程指导

1. 小幅度快节奏练习

(1)准备动作:健身者坐在座椅上,双腿弯曲,双脚踩在左右踏板上。

(2)动作过程:动作过程中,双腿做小幅度、快频率的蹬伸练习。

(3)注意事项:下肢要始终保持快速且小幅度的屈伸,其过程中大腿肌群和腰腹可以辅助发力。

2. 大幅度慢节奏练习

(1)准备动作:健身者坐在座椅上,双腿弯曲,双脚踩在左右踏板上。

(2)动作过程:动作过程中,双腿做大幅度、较慢节奏的蹬伸练习。

(3)注意事项:下肢大幅度慢节奏的屈伸,双腿可有些许弯曲。为了进一步提升锻炼效果,在蹬踏时可逐渐加快速度,然后再有控制地放慢速度。

3. 提踵练习

(1)准备动作:健身者坐在座椅上,双腿弯曲,双脚踩在左右踏板上。

(2)动作过程:动作过程中,脚掌蹬紧踏板做提踵练习,此时要求双腿一直保持伸直状态。

(3)注意事项:脚踝尽力上提,且不论是上提动作还是下落动作都要保证是在有控制的情况下进行的。

五、斜躺健身车动作过程

(一)器械健身功能

斜躺健身车由座椅、转轮、脚蹬、把手、靠背等部分组成(图6-9)。

(二)动作过程指导

(1)准备动作:健身者坐在座椅上,双手握扶手,双脚踩在左右踏板上,上体稍向后仰。

图 6-9

（2）动作过程：动作过程中，健身者想象自己仿佛在骑自行车，双腿做向前或向后的骑行运动。

（3）注意事项：这个动作要求更多依靠腰腹发力，练习要在相对平均的速度下完成，不要猛然发力。

六、直立健身车动作过程

（一）器械健身功能

直立健身车模仿自行车的形态设计，其由座椅、转轮、脚蹬、把手、靠背等部分组成（图 6-10）。

图 6-10

（二）动作过程指导

（1）准备动作：健身者坐在座椅上，双手握扶手，双脚踩在左右踏板上，上体保持立直状态。

（2）动作过程：动作过程中，健身者想象自己仿佛在骑自行车，双腿做向前或向后的骑行运动。

（3）注意事项：蹬伸腿练习要在相对平均的速度下完成，不要猛然发力。

第三节 社区腰腹健身器械实践指导

一、仰卧起坐器动作过程

（一）器械健身功能

仰卧起坐器的功能为满足健身者做仰卧起坐运动的需要。仰卧起坐器主要锻炼的部位为人的腰腹部肌肉，它的结构较为简单，由支架、挡管、腹肌架构成（图 6-11）。

图 6-11

（二）动作过程指导

1. 仰卧起坐

（1）准备动作：健身者先坐在器械上，双脚勾住位于上方的挡脚管，然后自然平躺下去，双手可选择胸前平伸或扶头后部。

（2）动作过程：动作开始后，利用腰腹肌肉发力的力量上抬身体成坐立姿势，然后还原。如此反复练习。

（3）注意事项：身体的抬起和下落都要在肌肉的控制下进行。

2. 仰卧起坐转体

（1）准备动作：健身者先坐在器械上，双脚勾住位于上方的挡脚管，然后自然平躺下去，双手可选择胸前平伸或扶头后部。

（2）动作过程：动作开始后，利用腰腹肌肉发力的力量上抬身体，同时身体向右（左）侧转体，然后还原。如此反复练习。

（3）注意事项：身体的抬起和下落都要在肌肉的控制下进行。

二、转腰器动作过程

（一）器械健身功能

转腰器的构造包括底座、底盘、转盘、立柱和把手（图6-12）。底座与地面相连用于固定稳器材，转盘与底盘用滚珠环连接，这样可使转盘非常灵活。

（二）动作过程指导

（1）准备动作：健身者双手握把手，两脚站立于转盘。

（2）动作过程：动作开始后，上体基本保持静止，以髋部和腰部发力，带动身体向左或右来回转动。

（3）注意事项：上体始终保持相对静止，上身和两臂不要发力,重点体会腰腹发力的感觉。起初应保持稍慢且匀速的运动,当身体适应后可逐渐加快速度和幅度。

图 6-12

三、伸背器动作过程

(一)器械健身功能

伸背器由立柱、扶手环、圆柱形曲面等构成(图 6-13)。

图 6-13

(二)动作过程指导

(1)准备动作:健身者站在器械前,双手握住扶手管。
(2)动作过程:动作开始后,躯干依托器械弧度向后充分伸展,颈部和腿部保持放松状态。

（3）注意事项：背部向后的伸展要完全和充分。

四、腰背按摩器动作过程

（一）器械健身功能

腰背按摩器由立柱、扶手、座板、按摩柱等组成（图 6-14）。

图 6-14

（二）动作过程指导

1. 肩部锻炼

（1）准备动作：健身者站在器械前，稍屈膝下蹲，肩部顶住按摩柱。

（2）动作过程：动作开始后，肩部带动身体活动，这样会使转动的滚柱对肩部肌群产生按摩效果。

（3）注意事项：按摩的部位要稍微用力一些。动作速度保持匀速和缓慢，适应后可适当加快速度。

2. 腰部锻炼

（1）坐式腰部锻炼动作过程：健身者坐在座板上，肩部顶住按摩柱，双手上下拉动按摩柱，使转动的滚柱对肩部肌群产生纵向按摩效果。

（2）立式腰部锻炼动作过程：健身者双腿下蹲成马步状，背靠按摩柱，双手握扶手，身体左右运动，肩部带动身体活动，这样会使转动的滚柱对肩部肌群产生横向按摩效果。

（3）注意事项：按摩的部位要稍微用力一些。动作速度保持匀速和缓慢，适应后可适当加快速度。

第四节　社区综合健身器械实践指导

一、划船器动作过程

（一）器械健身功能

划船器的设计是模拟划船运动，其构造包括座垫、脚蹬、桨把，以及阻力构件等（图 6-15）。

图 6-15

(二)动作过程指导

1. 小幅度屈伸运动

(1)准备动作：健身者坐在座椅上，双手握扶手，脚踩踏板。

(2)动作过程：动作开始后，手臂发力，双腿做小幅度的屈、伸运动。

(3)注意事项：该动作的发力部位主要为手臂，注意上下肢屈伸的幅度不要太大，但要保持较快的节奏。

2. 大幅度屈伸运动

(1)准备动作：健身者坐在座椅上，双手握扶手，脚踩踏板。

(2)动作过程：动作开始后，手臂发力，双腿做大幅度的屈、伸运动。

(3)注意事项：该动作的发力部位主要为手臂，注重动作过程中手脚的协同用力，还原时稍放松手臂和双腿。

二、跑步机动作过程

(一)器械健身功能

社区健身器材中跑步机的构造主要包括支架、扶手和跑台(图6-16)。为增加耐用性，跑台表面使用的是一组有一定阻力的圆柱形滚轴。跑台以一定仰角安装，需要健身者用一定的力才能使其转动。

(二)动作过程指导

(1)准备动作：健身者站在跑台上，双手握扶手。

(2)动作过程：小步幅、快频率地走；大步幅快频率地跑。

(3)注意事项：跑步时要注意与呼吸结合。

图 6-16

三、椭圆机动作过程

（一）器械健身功能

椭圆机的构造包括支架、脚踏板和扶手（图 6-17）。器械的脚踏板前端与扶手下端相连，扶手与踏板连动，运动起来时踏板的运动轨迹近似椭圆形，故得名椭圆机。

图 6-17

（二）动作过程指导

（1）准备动作：健身者站在踏板上，双手握把手，控制好身体保持稳定的状态。

(2)动作过程:动作开始后,在腿的推力作用下,踏板转动、手柄摆动,两腿做向前的循环运动。

(3)注意事项:其过程中身体始终要保持相对的稳定,上下肢的用力要协调。

四、单杠动作过程

(一)器械健身功能

单杠是非常常见的社区健身器材之一。它的构造非常简单,但健身效果却非常理想(图6-18)。

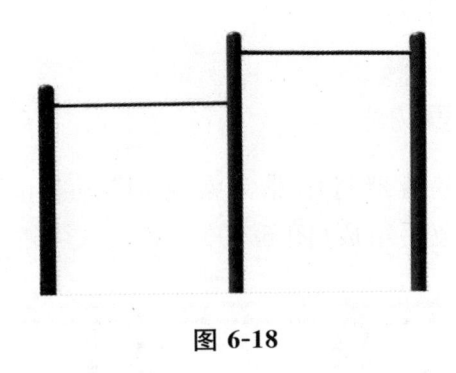

图 6-18

(二)动作过程指导

1. 单杠悬垂

(1)动作过程:健身者跳起正握或反握单杠,身体呈直体悬垂状态,然后做小幅度的身体摆动练习。

(2)注意事项:过程中颈部要保持放松,身体充分伸展。

2. 引体向上

(1)准备动作:健身者在单杠下站立,跳起正握或反握单杠,身体成悬垂状态。

(2)动作过程:手臂发力拉动身体上提,每次上提的标准为下颌越过杠面,然后还原。如此反复练习。

(3)注意事项:该动作主要为手臂发力,尽量避免通过身体的振摆辅助法力。

3. 收腹举腿

(1)准备动作:健身者跳起正握单杠,身体成悬垂状态。

(2)动作过程:在腹肌的发力下,双腿伸直并拢缓慢抬起至水平位置,在这个位置停留一段时间,然后还原。如此反复练习。

(3)注意事项:注意体会肩背和腰腹的发力感觉,双腿在抬起和下落过程中始终保持并拢伸直的状态。

五、双杠动作过程

(一)器械健身功能

双杠在社区健身器材中非常常见,其构造也相对简单,即由两个支架和两个把手组成(图6-19)。

图 6-19

(二)动作过程指导

1. 杠上前行

(1)准备动作:健身者站立于某一端的两杠之间,双手分别握两杠,跳起后成杠上支撑动作。

(2)动作过程:动作开始后,左右手在支撑身体的同时带动身体交替向前移动。

(3)注意事项:手臂在支撑过程中要保持直臂状态,重心随着手臂的移动而跟随其左右移动。

2. 手臂屈伸

(1)准备动作:健身者站立于两杠之间,双手分别握两杠,跳起后成杠上支撑动作。

(2)动作过程:动作开始后,健身者在杠上做手臂屈伸练习。

(3)注意事项:该动作主要为上臂和肩背肌群的发力,手臂屈伸时身体绷紧。

六、天梯动作过程

(一)器械健身功能

天梯装有十多格横杠,其构造具体如图 6-20 所示。

图 6-20

(二)动作过程指导

1. 屈膝悬垂

(1)准备动作:健身者跳起抓握天梯横杠,身体成悬垂状态。

(2)动作过程:动作开始后,两腿做屈膝动作,同时做收腹动作,使两膝部尽量靠近胸部,在这个位置停留一段时间,然后还原。如此反复进行。

(3)注意事项:该动作要以提膝、收腹、抬腿的步骤依次进行。双腿的抬起与下落要在控制下进行。

2. 收腹举腿

(1)准备动作:健身者跳起抓握天梯横杠,身体成悬垂状态。

(2)动作过程:动作开始后,两腿做屈膝动作,同时做收腹动作,使大腿抬起至水平位置,然后还原。如此反复进行。

(3)注意事项:该动作要以提膝、收腹、抬腿的步骤依次进行。双腿的抬起与下落要在控制下进行。

3. 正(反)手抓握前行

(1)准备动作:健身者跳起抓握天梯横杠,身体成悬垂状态。

(2)动作过程:动作开始后,双手掌心向前分别依次抓握前面的横杆,交替前行。

(3)注意事项:在双手交替抓握前杠的过程中,可借助身体前摆的惯性。尽可能从天梯的一端连贯用力前行移动到另一端,尽量避免在过程中休息,那样反而不利于完成练习。

七、肋木架动作过程

(一)器械健身功能

肋木架的构造较为简单,是一种具有很强综合性的健身器材。之所以说这是一种综合性强的器材,就在于通过肋木架可以做多种健身动作练习(图 6-21)。

图 6-21

(二)动作过程指导

1. 肩部伸拉

(1)准备动作:健身者背对肋木站立,双手握横杆。

(2)动作过程:动作开始后,腰背挺直,屈腿下蹲,用力伸拉肩部和胸部,然后还原。如此反复进行。

(3)注意事项:屈膝下蹲的动作要在肌肉控制下进行,被拉伸的部位要有酸胀的感觉。

2. 蹬拉练习

(1)准备动作:健身者面向肋木站立,双脚蹬最低的横杆,双手握住面前的横杆,身体保持正直姿态。

(2)动作过程:动作开始后,双手依次向下够低一级的横杆,此时双脚也要依次上移高一级的横杆逐渐向手靠拢,如此使腰背肌肉韧带获得拉伸。

(3)注意事项:手脚协调进行依次下抓和上抬的动作,伸展腰背时尽量含胸低头。

3. 扶肋木架左右转髋

(1)准备动作:健身者面向肋木站立,两脚分开宽于肩,双手握杆。

(2)动作过程:动作开始后,以髋关节发力做左右转动动作。在向右转动时,右脚跟着地做支撑,左脚前脚掌着地。向左转动时脚上动作与向右转动一致,只是前后脚掌的支持相反。

(3)注意事项:上体始终保持直立状态,髋部是主要的力量来源。脚跟、脚尖要及时转换。

4. 收腹举腿

(1)准备动作:健身者背对肋木架站立,双手上举抓握横杠。

(2)动作过程:动作开始后,腹肌用力带动双腿缓慢抬起至水平位置,在这个位置上稍停留一段时间,然后还原。如此反复练习。

(3)注意事项:双腿抬起时要保持伸直状态。双腿不论是抬起还是下落都要在有力量控制的情况下进行。

第七章　塑形类大众健身活动实践挖掘

在众多类型的大众健身活动中,塑形类项目颇受大众喜爱,特别是受到女性健身人群的青睐。为此,本章选择了健身操、形体训练、瑜伽和广场舞四种常见塑形类健身活动进行实践挖掘。

第一节　健身操健身实践指导

一、健身操的基本健身动作

(一)基本手型

(1)合掌:拇指关节内扣,另外四指并拢伸直。手腕与手臂成直线。手腕与手指的各个关节要保持一定的紧张度。

(2)分掌:五指伸直分开。

(3)拳:五指紧握,拇指压在食指上。

(4)推掌:五指弯曲,手掌上翘。

(5)西班牙舞手势:五指绷紧,手指的掌指关节依次弯曲,拇指稍内扣。

(6)芭蕾手势:五指稍微弯曲,中指、无名指和小指并拢且稍微内收,拇指内扣。

(7)一指式:握拳后食指伸直。

(8)响指:拇指与中指快速摩擦发出声音,无名指、小指弯曲。以上各基本手势如图 7-1 所示。

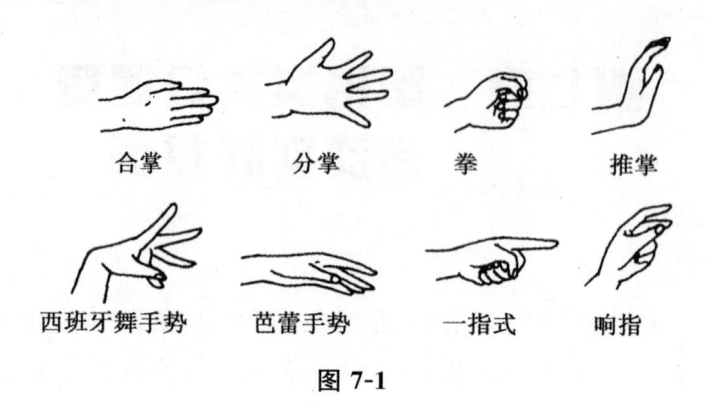

合掌　　　分掌　　　拳　　　推掌

西班牙舞手势　　芭蕾手势　　一指式　　响指

图 7-1

(二)头、颈部动作

(1)屈:头部向前、后、左、右四个方向分别做弯曲动作。在做完这四个基础弯曲动作后,还可以向侧前、侧后、侧上、侧下等方向做弯曲动作。其过程中身体始终保持正直,颈部的弯曲动作要注意不要太快(图 7-2)。

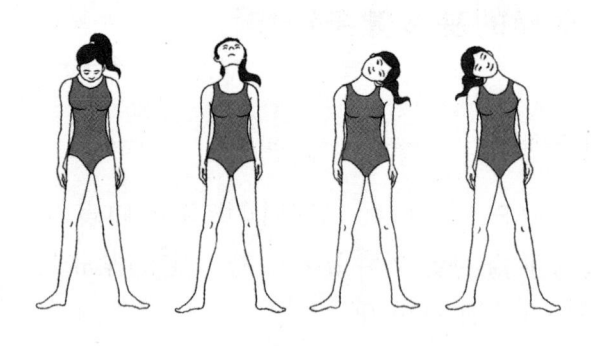

图 7-2

(2)转:头部正直,头颈部沿身体垂直轴左右转动 90°。在转动过程中下颌要保持平稳,不要有上下的位置移动(图 7-3)。

(3)环绕:头部正直,头颈部沿身体垂直轴左向或右向转动 360°。环绕过程中头部要缓慢且匀速。当头转到后面时要适当后仰。左向或右向的转动动作一致(图 7-4)。

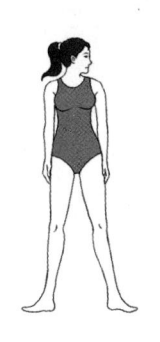

图 7-3 　　　　　　　　　图 7-4

(三)肩部动作

(1)提肩:两脚分开,上体正直,肩部向上提起。根据练习的需要可有单提肩或双提肩之分(图 7-5)。

(2)沉肩:两脚分开,上体正直,肩部向下沉落。根据练习的需要可有单肩下沉和双肩下沉之分(图 7-6)。

图 7-5 　　　　　　　　　图 7-6

(3)绕肩:两脚分开,上体正直,肩部沿前、后、上、下四个方向做绕动动作。根据练习的需要可有单肩环绕、双肩环绕之分(图 7-7)。

(四)上肢动作

(1)举:双臂做前举、后举、侧举等基础举的动作。然后再尝试做侧上举、侧下举、上举等动作(图 7-8)。

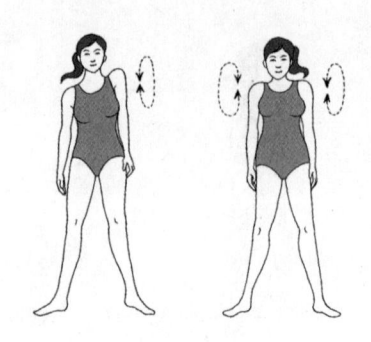

图 7-7

图 7-8

（2）屈：肘关节做弯曲和伸直的动作变化。具体有胸前平屈、肩侧屈、肩侧上屈、肩侧下屈、胸前上屈和头后屈等动作（图 7-9）。

（3）绕、绕环：手臂以肩为轴做出的弧线运动。具体有手臂向内、外、前、后等方向的绕或环绕动作（图 7-10）。

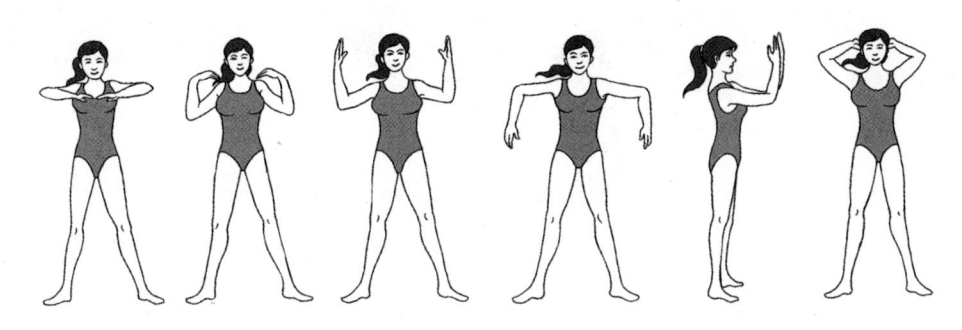

图 7-9

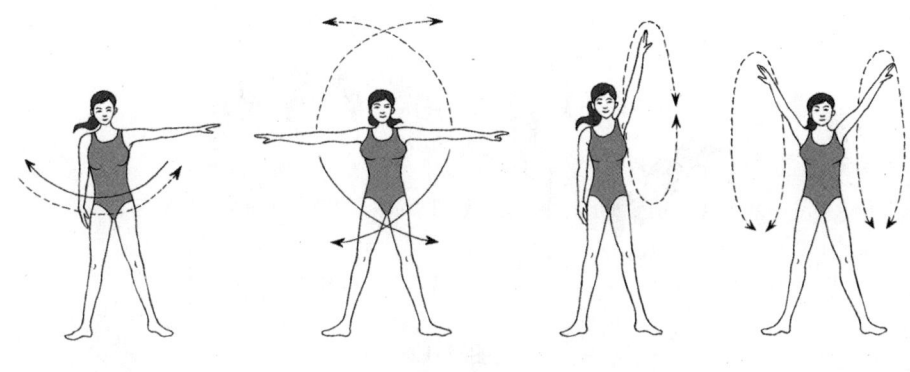

图 7-10

(五)躯干动作

1. 胸部动作

移胸：固定髋部，然后在胸部的带动下腰腹随之移动。具体有左移胸和右移胸两种。

含胸、挺胸：含胸时低头收腹，呼气，身体成背弓状，还可以在该动作中加入手臂的胸前屈；挺胸时抬头挺胸，吸气展肩，还可以在该动作中加入手臂侧平举(图 7-11)。

2. 腰部动作

屈：腰部向前、侧方向做出的拉伸运动。具体有前屈、后屈、侧屈三种(图 7-12)。

图 7-11

图 7-12

转：在腰部的带动下身体沿垂直轴左右转动的动作。在做腰部转动的过程中要注意重心的转移（图7-13）。

绕和环绕：腰部沿身体垂直轴做出的弧线或圆周运动。其过程中可以加入手臂动作（图7-14）。

图 7-13　　　　　　　　图 7-14

第七章　塑形类大众健身活动实践挖掘

3. 髋部动作

顶髋：上体保持正直，两腿分开，一腿伸直支撑，重心落于支撑腿，另一腿屈膝内扣，用力将髋顶出。其过程中可以加入双手叉腰的动作，具体有左顶、右顶、后顶、前顶等顶髋动作（图7-15）。

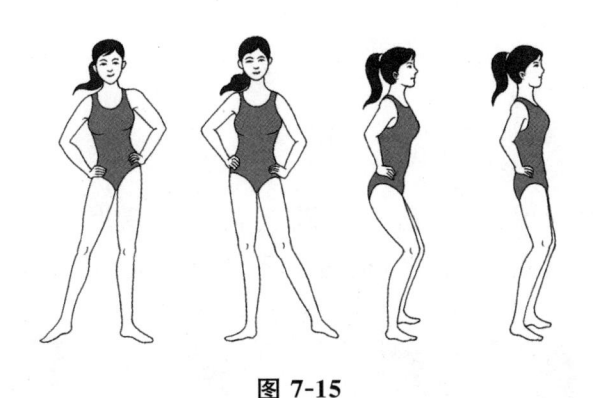

图 7-15

提髋：髋部向上提起的动作。具体有左提和右提两种（图7-16）。

绕和环绕：髋部沿身体垂直轴做出的绕弧线或绕圆周的动作。具体有向左或向右两个方向的绕和环绕动作（图7-17）。

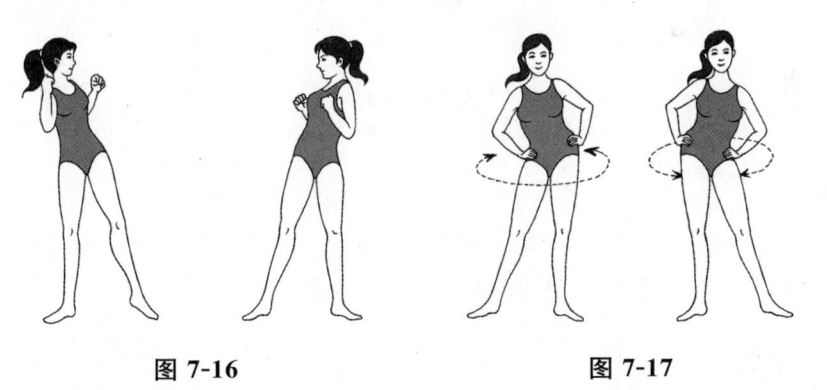

图 7-16　　　　　　　**图 7-17**

（六）下肢动作

1. 立

直立、开立：上身保持正直，双腿打开成开立动作（图7-18）。

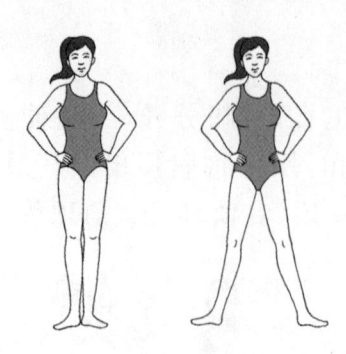

图 7-18

点立：上身保持正直，一脚做点立或双腿提起做提踵立。可有侧点立、前点立、后点立、提踵立等几种变化（图 7-19）。

图 7-19

2. 弓步

上身保持正直，一腿向前迈出一大步，然后屈腿。可有前弓步、侧弓步、后弓步等几种变化（图 7-20）。

3. 踢

双腿轮流交替做踢腿动作。可有前踢、侧踢、后踢等几种变化（图 7-21）。

图 7-20

图 7-21

4. 弹

双腿轮流交替做弹动动作。可有正弹腿、侧弹腿等几种变化（图 7-22）。

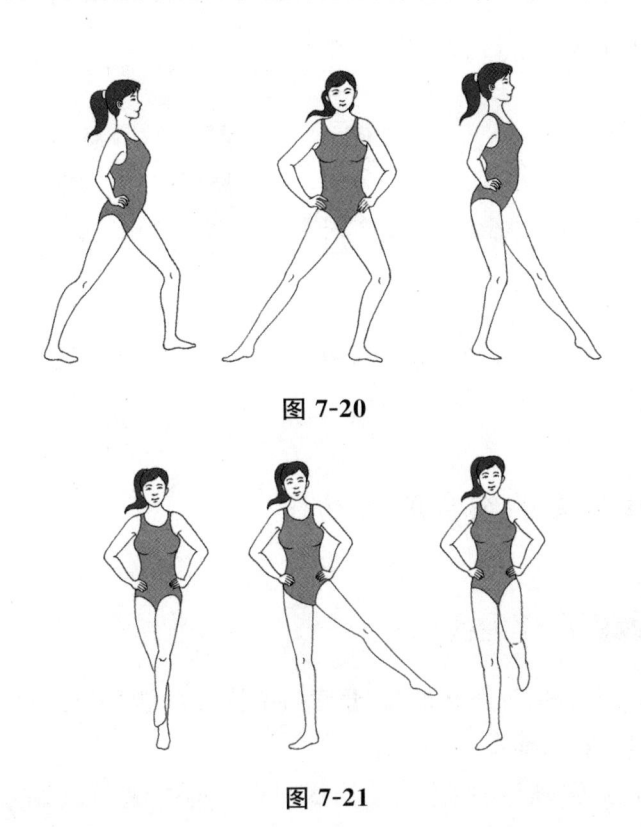

图 7-22

5. 跳

双腿轮流交替做跳跃练习。可有并腿跳、开并腿跳、踢腿跳等几种变化(图 7-23)。

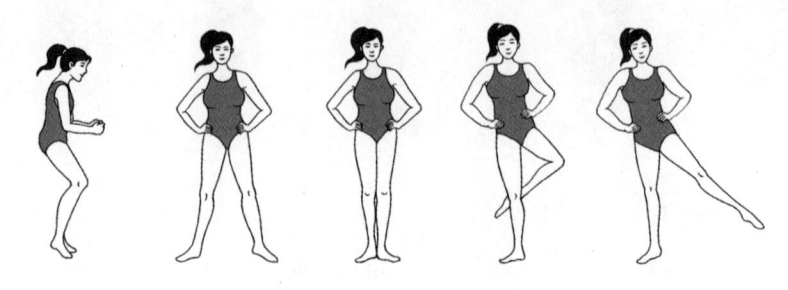

图 7-23

二、健身操的组合健身动作

(一)髋部动作组合

准备动作:两脚分开略宽于肩,两手叉在腰间。
1~4 拍保持准备动作。
5 拍左腿屈膝向内侧微微扣拢,同时向右侧顶出髋部。
6 拍右腿屈膝向内侧微微扣拢,同时向左侧顶出髋部。
7、8 拍和 5、6 拍相同(图 7-24)。

图 7-24

第一个 8 拍:
1 拍左腿屈膝向内侧微微扣拢,同时向右侧顶出髋部,两臂胸前平屈。

第七章 塑形类大众健身活动实践挖掘

2拍右腿屈膝向内侧微微扣拢,同时向左侧顶出髋部,两臂下伸。

3、4拍同1、2拍(图7-25)。

图 7-25

5拍腿部和髋部的动作同1拍,同时两臂经侧至头上相交1次后成上举,头部上抬。

6拍腿部和髋部的动作同2拍,同时两臂头上相交1次后成上举。

7拍腿部和髋部的动作同1拍,同时两臂肩侧屈,头向右转。

8拍腿部和髋部的动作同2拍,同时两臂还原至体侧,头还原(图7-26)。

图 7-26

第二个 8 拍：

1 拍腿部和髋部的动作同第一个 8 拍的 1 拍，同时左侧手臂胸前屈。

2 拍腿部和髋部的动作同第一个 8 拍的 2 拍，同时右侧手臂胸前屈。

3 拍腿部和髋部的动作同 1 拍，同时左侧手臂向前伸出。

4 拍腿部和髋部的动作同 2 拍，同时右侧手臂向前伸出（图 7-27）。

图 7-27

5、6 拍自左脚起踏步走 2 步，同时两手胸前击掌 2 次。

7 拍双脚起跳成开立，同时两手叉在腰间。

8 拍保持静止（图 7-28）。

图 7-28

（二）跳步动作组合

准备动作：两脚分开略宽于肩，两手叉在腰间。

第一个 8 拍：

1、2 拍保持静止。

3、4 拍两脚弹动 2 次(图 7-29)。

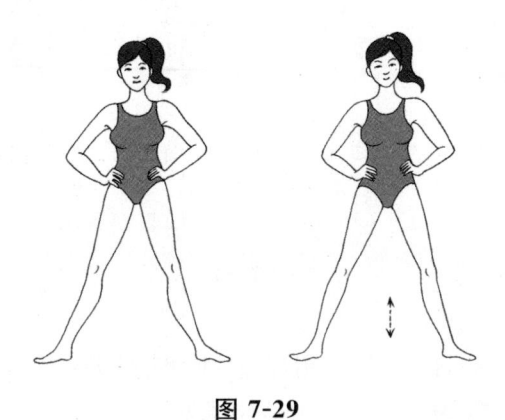

图 7-29

5、6 拍跳成并立,同时两脚弹动 2 次。

7 拍跳成开立。

8 拍跳成并立,同时两臂落至体侧(图 7-30)。

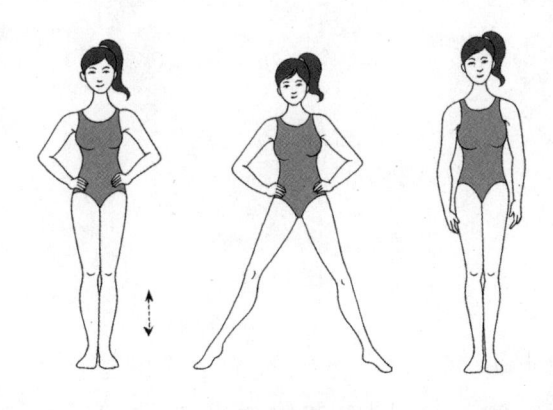

图 7-30

第二个 8 拍：

1 拍右腿后踢跑,同时两臂胸前屈。

2 拍左腿后踢跑,同时两手胸前击掌。

3 拍右腿后踢跑,同时两臂肩侧上屈。

4拍并腿,手同2拍(图7-31)。

图7-31

5拍双脚向右蹬跳成右侧弓步,同时左侧手臂侧举,右侧手臂胸前平屈,头稍左转。

6拍还原成并立,同时两手胸前击掌。

7、8拍同5、6拍,方向相反,但8拍两臂还原至体侧(图7-32)。

图7-32

第三个8拍:

1拍左脚向侧一步,同时左侧手臂上举,右侧手臂前举,目视前方。

2拍提右膝同时向右侧转动身体90°,右侧手臂胸前上屈,左侧手臂胸前平屈。

3拍右腿后伸成左前弓步,同时左侧手臂侧举,右侧手臂肩侧上屈,头向左转。

4拍右腿还原跳成并立,同时两臂还原至体侧,头还原(图7-33)。

图 7-33

5拍左腿提膝跳,同时两臂胸前平屈。
6拍还原成并立,同时两臂还原至体侧。
7拍右腿高踢跳。
8拍右腿落下成并立(图7-34)。

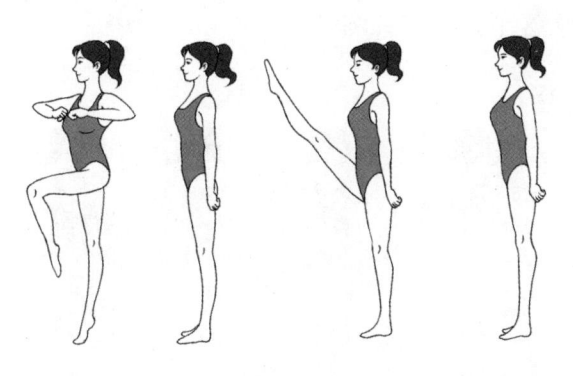

图 7-34

第四个8拍:

1拍右脚向侧一步,同时右侧手臂上举,左侧手臂前举,目视前方。

2拍提左膝同时向右侧转动身体90°,左侧手臂胸前上屈,右侧手臂胸前平屈。

3拍左腿后伸成右前弓步,同时右侧手臂侧举,左侧手臂肩侧上屈,头向右转。

4拍左腿还原跳成并立,同时两臂还原至体侧,头还原(图7-35)。

图 7-35

5拍右腿提膝跳,同时两臂胸前平屈。

6拍还原成并立,同时两臂还原至体侧。

7拍左腿高踢跳。

8拍左腿落下成并立(图7-36)。

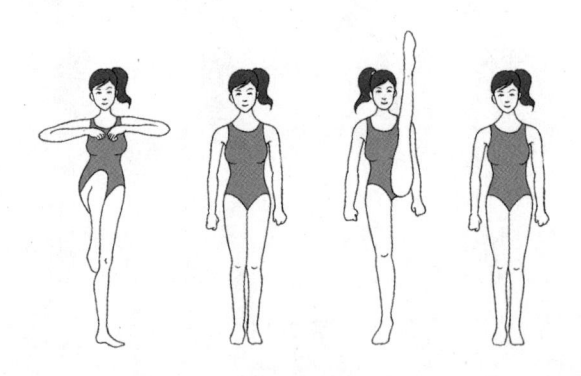

图 7-36

第五个8拍:

1拍跳成开立,同时左侧手臂侧举,头向左转。

2拍跳成并立,同时左侧手臂肩侧上屈,头还原。

3拍跳成开立,同时右侧手臂侧举,头向右转。

第七章 塑形类大众健身活动实践挖掘

4拍跳成并立,同时右侧手臂肩侧上屈,头还原(图7-37)。

图 7-37

5拍跳成开立,同时两臂胸前屈。
6拍跳成并立,同时两臂胸前平屈。
7拍跳成开立,同时两臂上举。
8拍跳成并立,同时两臂还原至体侧(图7-38)。

图 7-38

第六个8拍:
1~4拍跑跳步向左侧转动身体360°,同时两臂体侧屈自然摆动。
5、6拍原地踏步走,同时两手胸前击掌2次。
7、8拍跳成开立,两臂向外绕至肩上屈,两手扶头后,挺胸立腰,目视前方(图7-39)。

图 7-39

第二节　形体训练健身实践指导

一、颈部训练

开展颈部训练对人体的头部血液循环有很大的改善作用,这对于缓解人的脑部疲劳有诸多益处,并且使颈部更加挺拔,因此特别适合久居办公室工作的人们。常见的颈部训练方法有下面三种。

（一）颈部训练方法一

准备动作:两脚分开与肩同宽,双手相交于头后。
动作方法:用舒缓的力将头向前拉,使头向前屈至最大限度,然后缓慢后仰到最大限度,此时双手要给后仰的头一个对抗的力。如此反复练习(图 7-40)。

（二）颈部训练方法二

准备动作:两脚分开站立,双手叉在腰间。
动作方法:头部和颈部保持放松状态,然后向左缓慢转头直至下颌转到肩部上方,停留 5 秒左右后还原,换至另一方向再做一次。如此反复练习(图 7-41)。

图 7-40　　　　　　图 7-41

(三)颈部训练方法三

准备动作:两脚分开站立与肩同宽,双手叉在腰间。

动作方法:头部向左侧缓慢侧屈至最大限度,然后还原,换至另一方向再做一次。如此反复练习(图 7-42)。

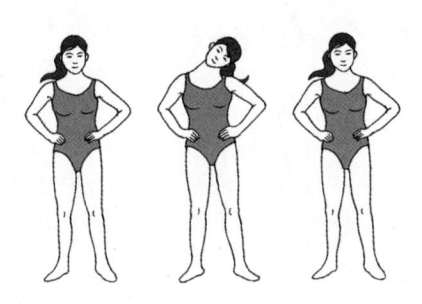

图 7-42

二、肩部训练

肩部训练可以促进上体的血液循环和发展相应部位的肌肉素质,使肩背部外形健美。常见的肩部训练方法有下面三种。

(一)肩部训练方法一

准备动作:两脚分开站立与肩同宽,两臂自然垂于身体两旁。

动作方法:双肩缓慢做上提动作,到耳朵下方后停止,然后还原。如此反复练习(图 7-43)。

(二)肩部训练方法二

准备动作:两脚分开站立与肩同宽,两臂自然垂于身体两旁。
动作方法:先是左肩缓慢上提,同时右肩做下沉动作,然后两肩交替进行。如此反复练习(图 7-44)。

(三)肩部训练方法三

准备动作:两脚分开站立与肩同宽,两臂自然垂于身体两旁,两手握拳。
动作方法:屈膝半蹲,同时两臂做侧平举动作,然后还原。如此反复练习(图 7-45)。

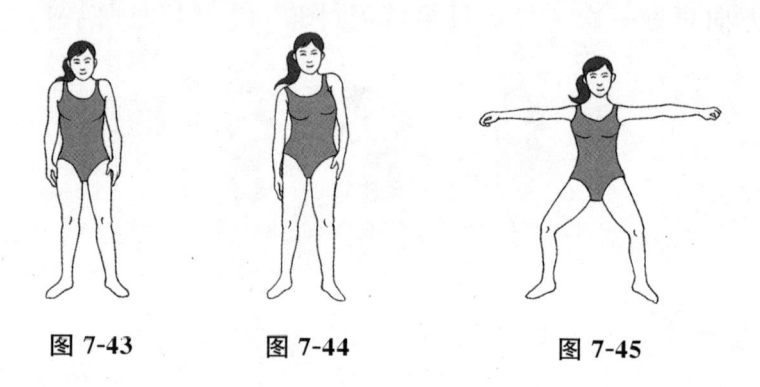

图 7-43   图 7-44   图 7-45

三、胸部训练

胸部训练可以促进胸部的血液循环和发展相应的肌肉素质。对于女性来说还可促进她们的乳房发育,塑造优美的胸部线条。常见的胸部训练方法有下面三种。

(一)胸部训练方法一

准备动作:两脚分开站立与肩同宽,两手叉在腰间。
动作方法:匀速挺胸,然后匀速含胸,如此反复交替练习(图 7-46)。

（二）胸部训练方法二

准备动作：两脚分开站立与肩同宽，两臂做胸前平屈动作，掌心向下。

动作方法：两臂侧平举，然后屈臂振肩扩胸，之后还原；再做直臂振肩扩胸，然后还原。如此反复练习（图7-47）。

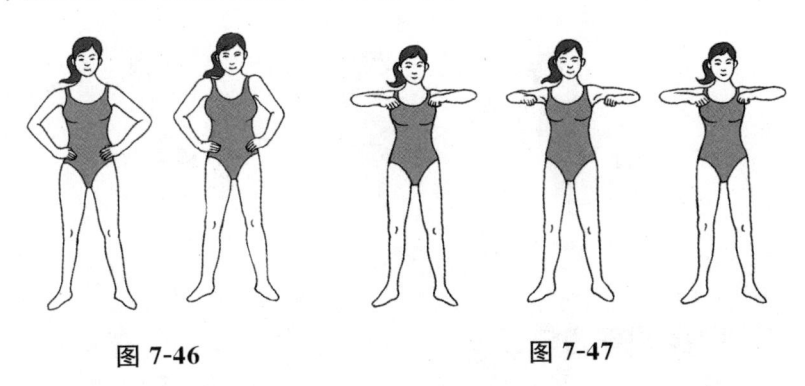

图 7-46　　　　　　图 7-47

（三）胸部训练方法三

准备动作：跪坐，两臂自然垂于身体两旁。

动作方法：上体始终保持正直，胸部向后挺出，含胸低头，目视前斜下方，两臂自然垂于身体两侧，然后还原。如此反复练习（图7-48）。

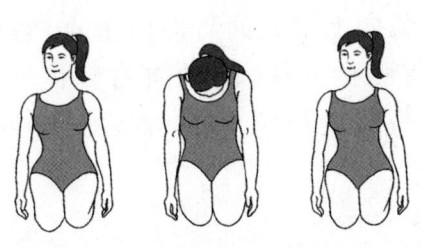

图 7-48

四、腹部训练

腹部训练可减少脂肪，塑造腹部优美线条，增强相应部位肌肉的素质。常见的腹部训练方法有下面三种。

（一）腹部训练方法一

准备动作：采取屈腿提膝的动作坐好，两手扶在膝盖上，头部保持正直目视前方。

动作方法：两腿由屈变直向上举，然后还原。如此反复练习（图 7-49）。

图 7-49

（二）腹部训练方法二

准备动作：取仰卧姿势，两臂在身体两侧自然伸直。

动作方法：两腿伸直，在空中做剪刀状相互交叉动作。如此反复练习（图 7-50）。

（三）腹部训练方法三

准备动作：取仰卧姿势，双腿并拢伸直，双手相交于头后。

动作方法：双腿向上抬起到与地面垂直，然后屈一腿，小腿与地面平行。此时收腹抬上体，同时向右转体 90°，左肘对右膝关节，到达最大限度位置后停留 1 秒，然后交换另一侧继续做。如此反复练习（图 7-51）。

图 7-50　　图 7-51

五、腰背部训练

腰背部训练可塑造良好的腰背线条,发展相应部位的肌肉素质,还可有效防止脊柱不良弯曲等问题。常见的腰背部训练方法有下面两种。

(一)腰背部训练方法一

准备动作(双人练习):练习者取俯卧姿势,将两手向后伸出;协助者两腿分开站立在练习双腿两侧,拉住练习者的两手。

动作方法:协助者向上拉练习者的手,使其上体离开地面,身体呈反背弓的姿势,然后缓慢下放回俯卧位,重复几次后,两人交换角色继续练习(图7-52)。

(二)腰背部训练方法二

准备动作(双人练习):练习者侧对协助者,两腿并拢,右手上举,协助者右手拉住练习者右手,左手拉住练习者左手,右脚抵住练习者双脚。

动作方法:练习者在协助者的牵拉作用下身体左侧屈至最大限度,协助者左腿微屈,右腿伸直抵住练习者双脚,在最大限度时停留2~5秒,然后还原。重复几次后,两人交换角色继续练习(图7-53)。

图 7-52   图 7-53

六、臀部训练

臀部训练可以塑造臀部线条,提高髋关节的灵活性,增强相应部位的肌肉素质。常见的臀部训练方法有下面三种。

(一)臀部训练方法一

准备动作:取仰卧的姿势,屈膝分腿与肩同宽,两臂置于体侧。
动作方法:两腿蹬伸的同时臀部用力收缩向上顶髋,在最大限度时停留2秒,然后臀部缓慢落地还原。如此反复练习(图7-54)。

图 7-54

(二)臀部训练方法二

准备动作:采用跪撑的姿势,双臂置于地面。
动作方法:抬头挺胸,左腿屈膝后踢,双臂在这个过程中始终做支撑动作,然后还原。如此反复练习。

(三)臀部训练方法三

准备动作:采用跪撑的姿势,低头,右脚背点地。
动作方法:抬头,两臂伸直,右腿用力向右侧踢腿,还原后左侧再做同样的动作。如此反复练习。

七、腿部训练

腿部训练的作用在于拉伸腿部各侧韧带,增加腿部各关节的柔韧性、灵活性,以及增加人的弹跳能力,使腿部线条优美。腿部训练包括三种方法。

(一)腿部训练方法一

准备动作:采用直角坐的姿势,两臂撑地于身体两侧,上身正直,两腿并拢,脚尖绷直。

动作方法:足背屈,足趾张开;足背伸,还原。如此反复练习(图 7-55)。

图 7-55

(二)腿部训练方法二

准备动作:采用仰卧的姿势,一条腿保持伸直的状态向上举,另一条腿屈膝点地。

动作方法:以踝关节为轴上举腿,抬起的腿在空中划圆,方向为顺时针,练习几次后变换方向为逆时针。如此反复练习(图 7-56)。

图 7-56

(三)腿部训练方法三

准备动作:采用仰卧的姿势,一条腿保持伸直的状态向上举,另一条腿屈膝点地。

动作方法:脚尖勾起后上举腿,再还原。如此反复练习(图 7-57)。

图 7-57

第三节　瑜伽健身实践指导

一、呼吸法

(一)胸式呼吸法

缓慢进行吸气,胸骨、肋骨向外扩张,将气体吸入胸部区域,此时腹部应该无太大变化。随着吸气量的增加,腹部应更加向内收紧而不是扩大。呼气时,肋骨和胸部回复原位,将体内的浊气排出。

(二)腹式呼吸法

缓慢进行吸气,将气体吸入肺的底部。随着吸气量的增加,胸部和腹部之间的横膈膜会出现一定的下降,腹内的脏器也会随之向下移动,此时小腹会充气鼓起。呼气时,腹部向内、朝脊椎方向收紧,横膈膜的位置和体内脏器的位置逐渐复原,将体内的浊气排出。

(三)完全式呼吸法

瑜伽中所谓的完全式呼吸法就是将胸式呼吸和腹式呼吸进行结合使用的一种方法。当练习者在吸气时,吸入的空气首先会进入肺的底部,这就会导致腹部区域开始膨胀,然后空气进入肺

第七章　塑形类大众健身活动实践挖掘

的中部和上部,此时就由腹式呼吸转变为了胸式呼吸。当吸入的空气充满双肺时,会导致腹壁和肋骨下部向外推出,而胸部的改变并不明显。呼气时是按照吸气时的相反步骤进行的,具体位置先放松胸部,然后是腹部,要有意识地使腹肌向内收紧,并温和地收缩肺部,尽量把气吐尽。这样就能获得一个较为顺畅的一吸一呼。

二、冥想法

（一）冥想坐姿

（1）简易坐。取坐姿,弯右小腿,将其放置于左大腿之下,弯左小腿,将其放置于右大腿之下。双手放置于两膝上,头、颈和躯干保持正直在一线上（图7-58）。

（2）金刚坐。取坐姿,双膝弯曲,两脚拇指相碰,臀部坐于脚跟上。

（3）雷电坐。取两膝跪地的姿势,两腿胫骨和脚背贴于地面,两脚靠拢,两脚跟向外指,此时臀部坐于两脚内侧。

（4）半莲花坐。取坐姿,右小腿弯曲的同时右脚脚板底顶紧左小腿内侧,然后左腿弯曲放置于右大腿上面。头、颈和躯干保持正直在一线上。当用这个姿势坐久了直到感觉不舒适了之后,就可以让两脚变换一下位置再做（图7-59）。该坐法师莲花坐的基础动作。

图 7-58　　　　　　　**图 7-59**

(5)莲花坐。取坐姿,将左脚放置于右大腿上,脚跟放在肚脐区域下方,脚底朝上。然后将右脚放置于左大腿之上。右脚脚跟在肚脐区域下方,脚底朝上。此时要尽量保持两膝贴在地上,且尽量这样坐更长的时间,当用这个姿势坐久了直到感觉不舒适了之后,就可以让两脚变换一下位置再做(图7-60)。

图 7-60

(二)冥想手势

(1)双手合十手印。该手印是强调阴阳平衡的手印,将此手印置于胸前即为一种冥想姿势,寓意身体和心灵的合一、大自然和人类的合一。但需要注意的是手掌之间不要并拢太严,而是要留有一个小空间。该手印有助于增加人的专注能力。

(2)智慧手印。手掌向上,拇指与食指相加,其他三指自然伸展。该手印的寓意为将小宇宙和大宇宙的能量合一,同时也寓意着人与自然力量的合一。该手印有助于人更快进入平静状态。

(3)生命手印。拇指、小指和无名指相加,其他两指自然伸展。该手印有助于增强人的活力。

(4)能量手印。无名指、中指和拇指自然相加,其他手指自然伸展。该手印有助于排毒和调节大脑平衡,如此让人更有自信。

(5)禅那手印。禅那手印是一种较为古典的手印,动作为两手相叠构成一个碗状,将两只手的拇指尖相连,然后置于踝骨上。需要注意的是,这个动作男性左脚和左手在上,女性则是右脚和右手在上。该手印寓意为空而充满力量的容器,有助于人获得平和与稳定的精神。

(6)秦手印。手掌向下,拇指和食指指端轻贴。秦手印的作用与智慧手印相同。

三、基本体位

(一)肩倒立式

肩倒立式的梵文原意为"全身",之所以如此命名就在于这个动作几乎惠及身体所有部位。取仰卧姿势,两臂维持身体的平稳,然后两腿缓慢抬起。当腿垂直于地面时髋部开始抬起,这时继续向头部后方送腿。然后用手托住两侧腰部用于支撑躯干,双腿再次向上伸展与地面垂直。收下颌并顶住胸部。在这个动作上维持一定时间(图7-61)。

(二)身腿结合式

取仰卧姿势,两臂维持身体的平稳,然后两腿缓慢抬起。当椎垂直于地面时髋部开始抬起,将大腿移向胸部,躯干便向后方移动,直到能够把膝盖都贴在地面上。也可以把双手顺势滑向背后抓住两脚脚踝,这样也方便用手辅助膝盖抵紧双肩,之后两手抱住大腿,作缓慢而深长的呼吸(图7-62)。如果可以,尽量保持这个姿势更长的时间。

图 7-61　　　　　图 7-62

(三)脊柱扭动式

取挺直坐的姿势,两腿前伸后左小腿内收,左脚底靠近右大腿内侧。左手放于右膝外侧并抓住右脚。右手经背后放于左侧腰部位置。做深长而舒适的呼吸,在这个动作上保持一段时间(图 7-63)。复原时按之前的步骤反向操作,复原后再以相反方向继续练习。

(四)单腿交换伸展式

取坐姿,双腿向前伸直。慢慢吸气,两手上升高过头部,两臂向前伸。呼气时,两手尝试抓左脚,两肘向外弯曲,与此同时躯干向前俯下靠近左腿。其过程中颈部保持放松状态,当动作到最大限度时头部是下垂的(图 7-64)。在最大限度姿势时停留一段时间,然后缓慢还原,再变换另一个方向继续练习。

图 7-63 　　　　　图 7-64

(五)蛇击式

双膝弯曲,大腿紧贴小腿,双手头上前伸触地,头与地板相贴,呈叩首式(图 7-65)。然后一边吸气一边前移胸膛,双臂伸直,腹部放低,让大腿与地面接触,胸部此时向上挺起,背部呈凹拱形,保持正常呼吸(图 7-66)。在维持这个姿势一段时间后,逐渐还原到叩首式。如此反复练习。

图 7-65　　　　　　　　　图 7-66

（六）侧三角式

两腿分开宽于两肩，两膝伸直，右脚向右转 90°。呼气做体前屈，双臂伸直，躯干转向右方，左手碰触右脚外缘的地，右臂向上伸展，与左臂在一条线上。在这个姿势上停留一段时间（图 7-67）。还原动作的过程中吸气。还原后交换方向再做。

图 7-67

（七）鸽式

取坐姿，双膝弯曲，左膝外展，左脚底抵住右大腿内侧。双手握住右脚踝，使右脚尽量靠近身体，右脚底在双手的把持下朝上，此过程中上体保持直立（图 7-68）。当这个姿势维持一段时间后感到不舒适了就可以变换两脚位置再做。

（八）骆驼式

两腿分开跪在地上，脚趾朝向后方。吸气的同时将两手放在髋部用以辅助脊柱后弯，在呼气时两手放在脚底上，此时头部后仰，大腿垂直于地面,收缩臀部的肌肉,伸展下脊柱区域(图 7-69)。保持一定时间后逐渐还原。

图 7-68　　　　　图 7-69

(九)战士第三式

两腿分开,大大宽于两肩的宽度。双掌合十高举过头尽力伸展,开始吸气,右脚与躯干向右旋转 90°,左脚随之稍转动即可。屈右膝至大腿与地面基本平行,左腿向后伸直,目视合十的双掌(图 7-70)。呼气时,上身躯干前倾,双臂和手掌动作不变,右腿逐渐伸直,左腿缓慢离地(图 7-71)。待右腿完全伸直后,左腿举起的位置应刚好与地面平行,此时,双臂、上身和左腿应该与作支撑之用的右腿构成一个"T"形(图 7-72)。

图 7-70　　　　图 7-71　　　　图 7-72

将这个姿势保持 20 秒左右,然后呼气,身体还原。

第八章 冰上大众健身活动实践挖掘

2022年冬奥会将在我国北京和张家口举办。我国也掀起了一股参与冰雪运动之热潮。本章就主要对其中的冰上健身活动的实践方法进行挖掘，以期使人们能够了解、喜欢冰上运动，并能身体力行地参与其中。

第一节 速度滑冰健身实践指导

一、速度滑冰概述

速度滑冰是一项在规定距离内以竞速为形式的滑冰比赛。作为一项冰上运动，其有着较为悠久的历史，甚至可以说其是其他冰上运动的基础。

对速度滑冰的起源可以追溯到13世纪中叶。当时，在荷兰出现了一种安装在木板上的铁制冰刀。后来直到16世纪晚期，苏格兰人发明了第一双"全铁制冰刀"，这种冰刀就是现代冰刀的雏形。世界上最早的速滑比赛在1676年举办，举办国是荷兰。此后，速滑比赛就在欧洲和美洲等国家迅速传播。为此，许多国家还特地成立了相关的滑冰组织来统筹管理和协调这项运动。1742年，世界上成立了首个滑冰组织，即英格兰的爱丁堡俱乐部，这让速滑比赛有了竞赛组织，在此之后更多的有组织的滑冰活动开始举办。1850年,冰刀的制作工艺更上一步,当时美国人布什内尔制造了第一副钢质冰刀,器材的变革使速度滑冰运动技术也更加精进。

1885年,世界上第一场国际性的滑冰比赛在德国汉堡举行,此后,更多的国际性比赛在欧洲多个国家举办。时间来到现代之后,从1970年起,每年都有世界短距离滑冰锦标赛,设有男女500米、1000米等项目,比赛通常在两天内完成。青少年滑冰运动水平的提升对这项运动的长久开展非常重要,为此,从1975年开始增设了世界青少年速滑锦标赛,这是一项20岁以下年龄段选手参加的赛事。男子比赛项目为500米、1500米、3000米和5000米,女子比赛项目为500米、1000米、1500米和3000米。

二、速度滑冰技术实践指导

(一)起跑技术

1. 起跑姿势

起跑姿势有正面起跑和侧面起跑两种。短距离项目多采用侧面起跑,长距离项目多采用正面起跑。

正面起跑还有正面点冰式、丁字式和蛙式等起跑动作。

侧面起跑则是两刀平行与起跑线成一定角度的侧向站立。这种姿势非常有利于起跑时充分发挥的爆发力,因为运动者在起跑环节中就占据领先位置,为之后的滑行奠定良好基础。

运动员的起跑都要在遵循起跑规则的基础上进行,由此就以这个规则来进一步分析起跑技术。

(1)正面点冰式起跑技术动作要求

当听到"各就位"口令后应做出如下准备动作。

前脚冰刀与起跑线约成45°角,刀尖切入冰面,刀根平稳抬起保持相对静止。

后脚冰刀用平刃或内刃置于冰面,后刀刃应牢牢咬住冰面,以便起动时后脚冰刀快速发力。前后脚冰刀分开的间距略大于髋,两刀延长线的交角约为 90°～120°。

上体直立,两臂放松,身体重心在后腿上。

当听到"预备"口令后应做出如下动作。

屈膝降低身体重心,体重开始向前脚转移。

重心移动到前脚后肩部超过前脚刀尖并位于前膝上方,前膝蹲曲角约为 90°,后膝约为 110°。

头部在这个过程中要与身体保持在一条直线上。

后臂微屈肘(约 90°～110°)并后举与肩齐平或略高于肩,前臂屈肘约成 90°角,置于膝盖上方,两手半握。

上述动作做好后保持静止,等待最终的发令枪响(鸣枪之前不允许改变动作)。

(2)丁字式起跑

在目前的速度滑冰比赛中丁字式起跑是最为常用的姿势之一。丁字式起跑方法与点冰式起跑方法基本相同,不同点在于丁字式起跑的两冰刀是以平刃在冰上支撑站立,身体的重心在两个冰刀之间。在预备姿势时,身体重心开始有向前移动的倾向,但大部分体重仍在后脚上。

2. 起动技术

起动技术简单来说就是起跑的第一步技术。在速度滑冰中,起动技术包括向前摆动跨出着冰和后腿快速用力蹬离冰面。

技术动作要求:

(1)向前上方快速摆动浮腿,使前脚冰刀尽量外转。

(2)身体重心逐渐前靠,用力蹬直后腿,在后腿蹬直瞬间,两刀抬离冰面,此时身体有一个短暂的腾空。

(3)两臂屈肘做小幅度快速摆动,以协调腿的蹬踏动作。

(4)身体的重心移动后,髋部要随之前送,外转的前脚冰刀以内刃踏切动作迅速着冰,并使刀根落于前进方向的中线上。

(二)直道滑跑技术

1. 滑跑姿势

掌握一个正确的滑跑姿势对滑动技术的发挥、阻力的减少，以及增加推进力并持续长时间的紧张工作等都能起到重要的作用。图8-1所示的上体姿势就是一种相对放松的流线型姿势，从图中可以看到上体的倾斜度几乎与冰面呈10°～25°角。上体要充分放松，团身，两肩下垂，头部微抬起，目视前方(图8-1)。

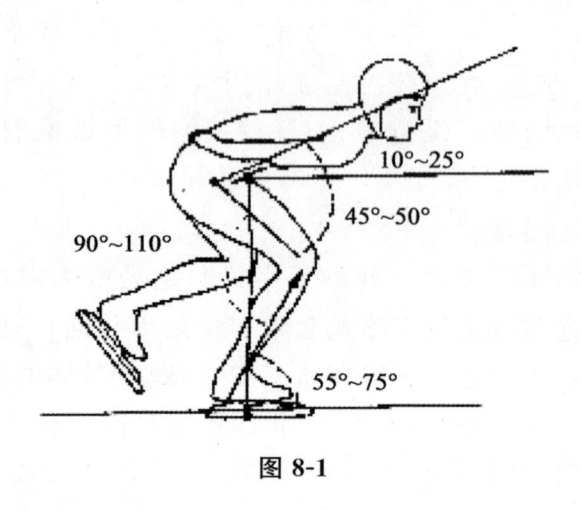

图 8-1

2. 腿部姿势

腿部保持低姿势。为此，需要大腿深屈，膝关节的角度约90°～110°，踝关节角度在55°～75°，髋关节角度屈至45°～50°，身体重心线应从后背下部穿过大腿，经过膝盖后与脚的中后部相接。

3. 自由滑行

自由滑行是指蹬冰脚冰刀蹬离冰面后，另一腿借助惯性支撑于冰上保持滑行状态直至该支撑腿开始要做蹬冰前的这段滑行过程(图8-2)。

第八章　冰上大众健身活动实践挖掘

图 8-2

技术动作要求：
(1) 支撑腿冰刀要由起初的外刃支撑过渡到平刃支撑。
(2) 鼻、膝、刀保持在一条直线上滑行。
(3) 身体重心在冰刀中后部且不能有较明显的上下起伏。
(4) 滑行过程中两肩要保持平稳,身体正对滑行方向。

4. 收腿动作

收腿动作要与自由滑行动作同步协调。收腿动作的时机为蹬冰腿结束蹬冰变为浮腿开始收腿,止于浮腿收至身体重心下方的矢状面。

技术动作要求：
(1) 利用蹬冰腿蹬冰结束的反弹力将冰刀抬离冰面,完成收腿还原动作。

(2)浮腿屈膝放松,并在大腿带动下内收至身体的矢状面。

(3)收腿动作应积极迅速不拖沓,且要与支撑腿相协调。

(4)结束收腿时,浮腿大小腿在一个平面(位于矢状面),与支撑腿靠拢,膝盖放松低垂,冰刀与冰面垂直。

5. 单支撑蹬冰动作(图 8-3)

单支撑蹬冰动作的时机为起于横向移重心,止于浮腿冰刀着冰。

技术动作要求:

(1)确定正确的蹬冰时机,在这个时机中合理移动重心。蹬冰动作开始时身体总重心沿横向开始移动,浮腿从支撑腿后位开始向前摆动,此时身体失去平衡开始前倾压冰。

(2)牢固的蹬冰支点和侧蹬方向。冰刀以内刃切入冰面,刀尖指向滑行方向,形成牢固的支点并随身体重心横向移动,将全力作用到冰面,然后向侧推蹬。

(3)用刀刃中部蹬冰。在整个蹬冰过程中都要将重心控制在冰刀的中部,以全刃向侧蹬冰。如果重心位置有误,则会造成后蹬冰错误,这会降低蹬冰的效率。

(4)浮腿做协调配合。浮腿加速向前侧摆动,重心移动和蹬冰腿作加速展腿的协调配合动作使蹬冰线越来越向水平倾斜(蹬冰角缩小),如此加大了水平分力。值得注意的是,伸膝展腿的最佳时机是当浮腿前摆着冰时。

6. 摆腿动作(图 8-3)

浮腿在单支撑蹬冰时要做一个摆动动作。摆腿动作起于浮腿,从后位的矢状面摆向身体重心移动方向,止于浮腿冰刀着冰。

技术动作要求:

(1)摆腿动作应是逐渐加速的。

(2)由膝盖引领动作,以大腿带动小腿摆向身体重心移动的方向(前侧方)。

第八章　冰上大众健身活动实践挖掘

(3)摆腿时,大腿前摆到胸下位置,此时膝部由下垂状态向前上抬起并靠近支撑腿的膝部。

(4)当摆腿动作即将结束时,特别要注意做好大腿抬送至胸下和小腿前送刀尖微翘起的动作。它要求两腿、两刀尽量靠近,并将浮脚冰刀放于支撑脚刀前面。

图 8-3　单支撑蹬冰与摆腿动作

7. 双支撑蹬冰动作

双支撑蹬冰动作的分界时机是自浮腿冰刀着冰开始,到蹬冰腿冰刀蹬离冰面止。

技术动作要求:

(1)继续将重心落于蹬冰腿上,然后在重心移动、蹬冰角缩小的过程中加快展腿速度,并在结束蹬冰时达到最快速度。

(2)保持冰刀内刃全刃压冰向侧推蹬的蹬冰方向(刀尖指向滑行方向)。

(3)充分利用蹬冰腿肌肉长度,使蹬冰距离(幅度)尽量延长,在加快展直腿的过程中作用力总时间相对加长,使蹬冰结束时产生最大蹬冰力量。

(4)蹬冰结束时,蹬冰腿(膝、踝)关节充分展直,踝关节跖屈,如此有利于让蹬冰速度达到最快。

8. 着冰动作

着冰动作与双支撑蹬冰动作要协调完成,该动作起于浮脚冰刀着冰,止于完全承接体重。

技术动作要求:

(1)着冰前浮脚冰刀应尽量靠近支撑脚冰刀并领先1/2刀长的部位,刀尖保持翘起的状态并朝向新的滑行方向。

(2)着冰部位为冰刀的后半部外刃。

(3)快速着冰动作要由膝盖引领上抬的动作,小腿前送。

(4)尽可能缩小着冰刀的出刀角度,接近直道方向着冰,使新的滑行方向能沿直线滑行。

9. 摆臂动作

速滑运动员的摆臂动作有其特殊性。摆臂时,两臂协调配合,前后加速摆动。摆臂的力量、幅度要与腿部动作及滑跑速度一致。

技术动作要求:

两臂摆动有三个位向点,即左(右)臂的前高点、两臂的下垂点和左(右)臂的后高点。前摆时,臂从后高点顺势下落经下垂点加速向前上方摆至前高点,然后,臂从前高点回摆下落经下垂点,接着加速向后方至后高点。

(1)摆臂动作要先于腿部动作。

(2)两臂以肩为轴分别做加速前后摆动动作。

(3)前摆到最高点时,手部不要超过肩部的高度。肘部有一个小于45°的弯曲夹角。如果是长距离滑冰则这个夹角的角度为约150°~170°。

(4)后摆至后高点时,如果是短距离滑冰,则肘要保持弯曲状态,肘与肩部大致齐平,手略低于肘部;如果是长距离滑冰,则肘部不能弯曲,手臂在后高点可略超过头部。

(5)两臂的摆动不能离开身体太远,而是要尽量贴近大腿,这样有利于保持身体的平衡。

(三)弯道滑跑技术

1. 滑跑姿势

滑跑弯道的姿势很多与直道滑跑不同。

(1)上体动作

滑跑弯道时,上体前倾程度要比直道更接近水平状态。优秀选手上体前倾的水平角男女分别为长距离 16.5°和 14.8°,中距离为 15.7°和 13.4°。上体放松、团身背弓,成流线型并朝着滑行方向,身体成一线向左倾斜,保持平稳流线型状态。

(2)头部、肩部与臀部动作

在弯道滑跑中,头部要与身体其他部分成直线,并始终要处于整个身体的领先位置。两肩始终保持平行稳定状态,并与离心力方向成一直线(即两肩应处于半径延长线的平行位置)。臀部动作要与肩部动作一样,始终保持与冰面平行。

2. 单支撑左腿蹬冰动作

单支撑左腿蹬冰动作分界时机是,自右脚冰刀离开冰面起,到右腿摆动后重新着冰止。

技术动作要求:

(1)保持两肩、臀部与冰面平行稳定状态。

(2)保持大腿和膝部位于胸下,并以左刀外刃牢固咬住冰面。

(3)保持后坐使身体重心位于冰刀中部。

(4)展腿方法:先展髋,与此同时深屈膝踝(压膝),当浮腿摆经蹬冰腿时,蹬冰腿膝关节开始积极加速伸展。

(5)沿弯道半径延长线向外侧蹬冰。

3. 右腿摆腿动作

右腿摆腿动作的分界时机是,自右腿蹬冰结束抬离冰面起,到右腿加速摆动与左腿交叉后至右腿冰刀着冰止。

技术动作要求:

(1)屈膝以膝盖领先摆收右腿,在重力和屈髋、膝肌群内收的作用下,使腿部由外展动作变为内收和前跨动作。

(2)右腿向左腿右前方朝着支撑腿加速摆动。

(3)右腿交叉经过左腿时,右刀根要贴近左刀尖做交叉跨越动作。这一动作可保证左脚侧蹬,并为右脚着冰动作做好准备。

(4)摆腿动作应做到与蹬冰腿动作协调、同步、流畅、放松。

4. 双支撑左腿蹬冰动作

双支撑左腿蹬冰动作的分界时机是,自摆动后的右脚冰刀着冰起,到左脚冰刀结束蹬冰离开冰面止。

技术动作要求:

(1)身体重量尽量控制在蹬冰腿上,充分利用体重完成最后蹬冰动作。

(2)将蹬冰刀控制在臀下,用刀刃中部做快速向侧推蹬。

(3)当蹬冰结束时,在膝关节展直的基础上,重心移向冰刀的前半部,使踝关节迅速跖屈,以增加蹬冰腿做功距离和充分发挥肌肉的有效功量。这一技术是在新式冰刀使用前无法做到的,它是新冰刀重要功能之一,也是蹬冰技术的新发展。

5. 右脚冰刀着冰动作

右脚冰刀着冰动作分界时机是,自右脚冰刀以内刃着冰起,到该腿完全支撑承接体重左腿蹬冰结束冰刀离冰止。

技术动作要求:

(1)着冰点应在支撑脚冰刀左前方(靠近支撑脚冰刀),沿弯道滑行方向(贴近弯道切线方向),使着冰脚冰刀准确地落在重力与离心力的合力点上。

(2)刀尖抬起朝着切线方向,以刀根内刃先着冰。

(3)右腿以前跨动作使膝部朝着弯道滑行方向,并保持右脚冰刀着冰后的小腿向左倾斜度,以轻捷、自然的动作顺势完成着冰动作。

6. 单支撑右腿蹬冰动作

单支撑右腿蹬冰动作分界时机是,自左脚冰刀离开冰面起,到左腿摆动后重新着冰止。

技术动作要求:

(1)弯道的右腿蹬冰基本与直道相同。

(2)左腿蹬冰结束,右腿即刻蹬冰。

(3)整个身体成一线保持向左倾斜平移姿势(两肩、臀部与冰面平行),冰刀以内刃咬住冰面,沿切线方向滑行并沿弯道半径向侧蹬冰。

(4)利用冰刀内刃中部,加速完成侧蹬动作。

(5)蹬冰方法:左腿蹬冰结束时,右腿沿着弯道切线方向滑行开始蹬冰,并逐渐滑离雪线,此时身体重心却沿着另一切线方向移动(冰刀与重心运动方向不同),随右腿滑离雪线,腿部应弯曲(压膝、踝),当左腿摆收到与蹬冰腿成交叉部位时,蹬冰腿应积极展髋、展膝,向侧蹬冰。

7. 左腿摆腿动作

左腿摆腿动作的分界时机是,自左腿结束蹬冰冰刀蹬离冰面开始,到左腿冰刀着冰止。

技术动作要求:

(1)借助于蹬冰结束时的反弹力和重力在股内收肌作用下摆收左腿。

(2)刀根抬起,刀尖向下,冰刀几乎垂直于冰面,屈膝、屈髋完成提刀动作。

（3）以膝盖领先大腿带动，沿身体重心移动方向加速摆收。

（4）在摆腿过程中，大腿做向上抬送动作，使刀尖由朝下变为与冰面平行动作。

8. 双支撑右腿蹬冰动作

双支撑右腿蹬冰动作的分界时机是，自左脚冰刀着冰起，到右腿蹬冰结束冰刀离冰止。

技术动作要求：

（1）蹬冰全过程是加速完成的，此阶段展腿达最高速，右腿快速展直完成蹬冰动作。

（2）仍保持两肩、臀部与冰面平行移动，随蹬冰腿加速伸展，使蹬冰角达到最小角度。

（3）在蹬冰过程中，右脚冰刀内刃要牢牢地咬住冰面（严防在蹬冰结束阶段出现滑脱现象）。

（4）采用新式冰刀技术，当蹬冰结束时，重心移至冰刀前半部，使踝关节跖屈，充分展直蹬冰腿。

9. 左脚冰刀着冰动作

左脚冰刀着冰动作的分界时机是，自左脚冰刀的外刃着冰起，到左脚冰刀完全承接体重右腿蹬冰结束冰刀离冰止。

技术动作要求：

（1）左腿前送到位。要做到展膝屈踝，将刀尖抬起。

（2）左脚冰刀以外刃、冰刀的后部先着冰。

（3）沿着弯道标记的切线方向着冰，以便向贴近弯道标记滑进。这一技术可延长蹬冰距离。

（4）着冰动作要做到前冲、迅速，并与快速结束蹬冰动作配合同步协调。

（四）终点冲刺技术

终点冲刺是全程滑跑的最后阶段。此时运动者的体能往往有了较大的消耗,因此要竭尽全力保持正确的滑跑技术,并以合理有效的方式冲刺。

技术动作要求:

(1)保持之前的滑跑动作,维持之前的速度,注重向侧方向的蹬冰质量。

(2)双臂摆臂加快,进一步带快腿部的蹬冰节奏。

(3)确定冲刺段落的长短依据比赛项目或运动者的体能情况和竞技水平。

(4)终点冲刺以"箭步送刀"的方法结束用冰刀触及终点线的最后冲刺动作。

第二节　花样滑冰健身实践指导

一、花样滑冰概述

花样滑冰的起源可以追溯到新石器时期。当时的早期人类为了在寒冷的冬天谋生,使用动物的骨骼制作冰刀,从而成为他们的一种交通工具。后来,为了增加舒适度,人们又在冰刀上安装上鞋,成为一种新型的"绑式冰鞋"。后来,随着近代社会和现代社会的不断发展,过去这种更多是作为交通工具的工具开始成为人们的竞技比赛项目或休闲游戏。尽管起初的冰上滑行技术并不复杂,但随着技术的革新和器材的变革,促使滑冰技术更加多样,动作花样也更多。于是,这就是现代人们看到的花样滑冰雏形。

花样滑冰在13世纪的发展速度很快,一度在欧洲成为非常流行的滑冰运动,此时期特别是社会上层人士对这项运动非常钟爱。在18世纪时,花样滑冰运动传到了北美洲。1742年,在英国诞生了世界第一个滑冰俱乐部——爱丁堡俱乐部,花样滑冰也是该俱乐部的主要活动内容之一。为了让花样滑冰运动更加规范,该俱乐部还特地制定了许多章程和条例。任何想参加花样滑冰运动的爱好者都要接受一个测试,达到相应标准才有加入资格。此后,在欧洲有更多国家成立了包括组织花样滑冰运动在内的滑冰机构。

1892年,国际滑冰界的会议在荷兰举行,该会议最终决定要在当年成立国际滑冰联合会,简称国际滑联(I.S.U),总部设在荷兰的斯奇威尼根。本次会议还制定了国际滑联宪章和竞赛规则,同时还研究了讨论滑冰运动的发展方向等一些重要问题。该次会议中的很多决定一直到今天仍起到作用。

经过一段时间的筹备,首届世界花样滑冰锦标赛于1896年2月在俄国举行。1906年1月的世界花样滑冰锦标赛上首次设置女子单人滑项目;1908年的世界花样滑冰锦标赛上首次设置双人滑项目;1952年在世界花样滑冰锦标赛上首次设置冰上舞蹈。

花样滑冰运动在世界范围内的火热开展自然引得国际奥委会的关注。后来,国际奥委会决定于1920年的安特卫普奥运会上将花样滑冰列为正式比赛项目。后来在1921年在瑞士洛桑举行的国际奥委会会议上决定之后的奥运会分为冬季奥运会和夏季奥运会。花样滑冰就此成为冬季奥运会中非常具有欣赏性的项目。

二、花样滑冰技术实践指导

(一)基本滑行技术

1. 冰上站立

技术要求:初学滑冰者,在穿上合适的冰鞋后,主要是在冰上站立和站稳。开始时两脚稍分开与肩同宽,平稳站立,冰刀与冰面保持垂直,两膝微屈,上体保持正直(稍前倾),两臂在体侧前伸开,自然控制身体平衡,目视前方。

2. 单足蹬冰、单足向前滑行

技术要求:准备姿势与双足滑行相同,在蹬冰结束后要保持重心不变和单足向前滑行姿势,蹬冰足放在滑足后,保持身体重心平稳。两臂在两侧自然伸展。

3. 双足向后滑行

技术要求:双足成内八字形站在冰面上,足尖靠近,足跟分开,身体重心在冰刀前半部,双膝微屈。开始时双足同时用内刃向后蹬冰。双足间的距离同肩宽时,将双足跟向内收紧,形成双足平行向后滑,此时两膝逐渐伸直,靠拢后再次蹬冰,如此反复脚下的动作和滑行路线。

4. 前外刃弧线滑行

技术要求:开始如以左足内刃蹬冰,用右足外刃滑出,身体向右侧圆弧内倾斜转体,右臂在前,左臂在后,滑足膝部逐渐伸直。换足时右足用内刃蹬冰,左足用外刃着冰,滑出前外弧线。

5. 后外刃弧线滑行

技术要求:双足平行站立,两肩和臂平放,面向滑行的方向,用右足后内刃蹬冰,两臂动作协调配合,右臂用力向后滑行方向摆动,左臂在前。右足蹬冰后迅速放在滑足前,左足做后外刃弧线滑行,当滑行到弧线一半时头向圆内,上体随着向外转动,浮足靠近滑足移向滑线前,上体姿势不变。然后再做右后外弧线滑行。

6. 急停方法

急停动作是所有滑冰项目中必须掌握的一种技术,除了可以避免在练习时受伤外,在花样滑冰一套表演节目的段落和结束时,采用急停动作可以增强表演的效果。

(1)双足向前内刃急停。技术要求:在向前滑行时,突然将足尖靠近,足跟分开,身体重心后移,两腿微屈,双膝靠近,形成用双足冰刀内刃向前刮冰的急停动作。

(2)单足前外刃急停。技术要求:在向前滑行时,突然用右或左足前外刃做横向刮冰急停动作,身体稍向后倾,另一足离开冰面。

(二)基本旋转技术动作

在花样滑冰单人和双人滑中,旋转动作是重要技术内容之一,并且与各种舞姿结合能够给整套比赛和表演增添光彩和艺术感染力。

在旋转动作教学中可因各自的习惯采用不同的旋转方向。一般情况下,大多数人习惯于向左的逆时针方向旋转,也有少数人能掌握左右两个方向的旋转。这里主要介绍向左逆时针方向的旋转。

1. 双足旋转

双足旋转是由两只脚支撑冰面的旋转动作,它是旋转动作中难度较小的一种。

(1)双足直立旋转

技术要求:初学者可先在原地直立,双足分开与肩同宽,左臂在前,右臂在后,双膝微屈。旋转开始时,左臂带动左肩用力向左后摆动,右臂带动右肩用力向前摆动,双膝同时迅速伸直,使整个直立的身体形成一个旋转的轴心和两个相反的转动力,此时便形成了左后内刃—右前内刃的双足直立旋转。在旋转开始的前几圈,两臂呈对称侧平举姿势,以控制身体平衡和转动轴心。此后可收回两臂于胸前,以缩小旋转半径,加快旋转速度。在旋转结束时,伸开双臂,减缓旋转速度,用右后外刃或左前外刃弧线滑出。

(2)双足直立交叉旋转

技术要求:初练时先从双足直立旋转开始,在起转后,左足经右足前方,顺旋转方向滑至右足前外侧,形成双腿和双足交叉姿势,用右后外刃和左前内刃成对称的双足交叉旋转姿势,足尖靠近足跟分开。其他技术要求同双足直立旋转。

2. 单足旋转

单足旋转是由一只脚在冰面上旋转的动作。

(1)单足直立旋转

技术要求:

先滑一右后内弧线,浮足在后远离滑足,右臂在后左臂在前,起转前右足用力蹬冰,将身体重心移向左足,左足滑前外刃齿制动,成后内刃转动,右足伸直摆到右前方,开始两臂侧举,待重心稳定后,两臂和浮足再靠拢身体加快转速,身体重心始终保持在冰刀的前三分之一处,结束时两肩臂侧举、左脚蹬冰、右脚用后外刃滑出。

另一种滑法是在旋转时将右足收回,沿左腿前外侧由膝部向下滑动,使两脚形成交叉状,缩小旋转半径,加大旋转速度。也称为单足直立快速旋转。

(2)单足直立反旋转

技术要求:

开始时在完成右前内一右后外"3"字转体后,立即用右后外刃在原地做旋转动作,两臂动作呈侧平举姿势,左浮足在左前外侧,当旋转重心稳定后,收回两臂和浮足,加快旋转速度。也可将左足和左腿交叉放在右腿滑足前外侧。结束时以右后外刃或左前外刃弧线滑行。

3. 跳接旋转

跳接旋转是将跳跃动作与旋转动作结合为一体的旋转动作。

(1)跳接蹲踞旋转

技术要求:

开始时,用左前外刃起跳,上体保持直立,当用刀齿制动起跳时,滑腿膝部弯曲,两臂由左右前方同时向上摆动,右腿经侧后方向前摆动,左腿在空中形成蹲踞姿势,当身体向下落时,应尽快将左足向下伸直,用刀齿触冰,然后再过渡到左后内刃上,此时右腿顺势向旋转方向自然摆动,左腿迅速下蹲,两臂收至胸前,形成蹲踞旋转。结束动作与其他旋转相同。

(2)跳接反蹲踞旋转

技术要求:

开始,同跳接旋转技术基本相同,所不同的是在起跳后,右腿在侧后方摆动向前,并尽快弯曲成蹲踞姿势,同时左腿迅速向前外侧伸展,两臂向前外方向自然伸展,保持身体平稳,身体下落时,迅速将右腿向下伸直,用刀齿触冰后下蹲,左腿向旋转方向摆动,两臂收至胸前,形成右后外刃反蹲踞旋转动作,结束动作与其他旋转相同。

(三)基本跳跃技术动作

跳跃技术动作是单、双人花样滑冰中很重要的组成部分。起跳方式分为单足刃起跳和点冰跳两大类,有的跳跃动作是根据世界上第一个完成的人名字命名的。

所有跳跃技术动作都包括以下几个技术环节。

(1)准备阶段:包括从运用滑行技术来增加速度的助滑到起跳前缓冲。这一阶段是从滑腿屈曲开始到起跳前为止,是为增加起跳的效果作好充分准备的重要阶段。主要技术有滑腿屈伸与四肢预摆的配合。

(2)起跳阶段:由身体重心从最低点开始到滑足即将离冰结束,包括四肢下摆、上摆、滑足蹬直制动和预转的技术配合。

(3)空中阶段:由冰刀离开冰面开始到冰刀触冰结束,包括收回四肢(加速转)、展四肢(减速转)、转体技术及其配合。

(4)落冰阶段：由落冰足触到冰面开始到身体重心降至最低点为止。包括深屈滑腿和展四肢的技术。

只有充分地掌握好以上各阶段的技术和要求，才能更好地完成各种跳跃动作。

跳跃技术动作之间难度差别较大，不同跳跃技术难度不同，同一跳跃也因在空中转体周数不同而有所差别，周数越多，难度也越高。

第三节　冰壶运动健身实践指导

一、冰壶运动概述

冰壶运动 14 世纪起源于苏格兰，由苏格兰民间流传的一种类似地滚球的游戏演进形成。1510 年第一个冰壶运动组织在苏格兰成立，称苏格兰俱乐部（Scottish Club）。人们在苏格兰发现许多早期冰壶用的砥石，其中最早一块上面刻写有"1511 年"的字样。1541 年 2 月，修道士约翰·斯莱特（John Slater）在其日记中曾记载了修道院院长加文·哈米尔顿（Gavin Hamilton）在湖面上进行冰壶比赛的场景。根据冰壶历史学家约翰·克尔（John Kell）的研究，早期冰壶经历了三个发展阶段：第一阶段在 1500—1650 年，这时的砥石没有柄，而是在一端凿有供拇指、食指和中指控制的三个圆孔，重量为 5~25 磅（图 8-4①）；第二阶段在 1650—1783 年，砥石的形状由长条形演变为圆形，并且出现了握柄，重量由 5~25 磅增加到 20~115 磅（图 8-4②）；第三阶段 1784 年，砥石上部开始凿孔，并安装有便于操控的手柄，重量规定为 19~20 千克（图 8-4③）。

图 8-4

1759 年冰壶由苏格兰传入加拿大,特别是在 1816—1823 年,随着大批苏格兰移民的涌入,冰壶运动在加拿大迅速普及,成为加拿大的一种时尚运动。1838 年苏格兰皇家冰壶俱乐部为这项运动制定了规则。同年,加拿大蒙特利尔冰壶俱乐部(Montreal-Curling Club)建成了第一个室内冰壶场,从这时开始,冰壶运动逐渐由室外移入室内。

19 世纪末至 20 世纪初,冰壶运动相继传入瑞士、瑞典、挪威、法国等国家,并于 1924 年被列为第 1 届冬奥会正式比赛项目。此后,1932、1988 和 1992 年又 3 次被纳入冬奥会,但只是作为表演项目。1957 年,为进一步推动世界冰壶运动的发展,英国和加拿大的冰壶爱好者在爱丁堡举行了一次会议,决定从 1959 年开始举办苏格兰杯锦标赛。在苏格兰杯锦标赛的影响下,一些国家开始建立冰壶组织,并纷纷加入苏格兰杯锦标赛的行列。

苏格兰杯锦标赛的成功举办,为建立国际冰壶运动组织和举办世界冰壶锦标赛奠定了基础。1965 年 3 月 1 日,由英国皇家冰壶俱乐部发起,在珀斯(Perth)召开了一次有苏格兰、加拿大、美国、瑞典、挪威及瑞士 6 个国家和地区代表参加的国际冰壶会议。就在这次会议上通过了皇家冰壶俱乐部提出的关于筹备成立国际冰壶联合会的建议。1966 年 4 月 1 日,国际冰壶联合会宣布成立,并决定从 1968 年开始举办世界冰壶锦标赛。1991 年,国际冰壶联合会更名"世界冰壶联合会",并获得了国际奥委会的承认。1993 年,国际奥委会洛桑会议决定,从 1998 年开始,将冰壶运动列为冬奥会正式比赛项目,设男子和女子两个小项。截至 2010

年,冰壶运动已发展到 50 多个国家和地区。其中已有 45 个国家和地区的冰壶运动组织加入了世界冰壶联合会。

我国冰壶运动始于 20 世纪 90 年代中期。1995 年,应黑龙江省体育运动委员会邀请,由加拿大冰壶协会提供器材援助,日本冰壶协会派出专家,在黑龙江省哈尔滨市举办了我国首次冰壶运动培训班。在这次培训班上,日本北海道 A 级指导员阿布周次对冰壶运动技术和规则进行了全面介绍,冰壶运动由此在我国开展起来。

2000 年 1 月,我国首次派出冰壶队,参加了在日本举行的国际邀请赛。同年,哈尔滨市正式成立冰壶队,并纳入市体工队序列。为推动冰壶运动的发展,国家决定从 2000 年开始定期举办全国冰壶锦标赛,每年一次,并于 2003 年列为全国冬季运动会正式比赛项目。2003 年,中国冰壶队首次参加在新西兰举行的泛太平洋冰壶锦标赛。2004 年,我国正式组建国家冰壶集训队,同年 11 月女队在韩国举行的泛太平洋冰壶锦标赛中获得第 2 名,并取得了 2005 年世界冰壶锦标赛的参赛资格。从 2006 年开始,我国男、女冰壶运动水平迅速提高,先是 2007 年双双赢得泛太平洋冰壶锦标赛冠军,接着女队又于 2008 和 2009 年先后登上世界锦标赛亚军和冠军领奖台,引起世界轰动。

2010 年,中国男、女冰壶队双双获得冬奥会参赛资格,特别是女队,先后以 8∶6、9∶5、11∶1、9∶7、6∶5 战胜瑞士、日本、丹麦、德国、美国等队,为中国代表团赢得了一枚宝贵的铜牌,男队也取得了第 8 名的较好成绩。从 2005 到 2010 年,中国冰壶队由一支默默无闻的队伍,一举登上冬奥会领奖台,这在世界冰壶史上是罕见的。

二、冰壶运动的场地与器材

(一)运动场地

冰壶场地要求冰面平整呈麻点状。冰面的清洁和温度对冰壶的运行速度和准确性产生直接的影响。因此,冰壶场地需要在室内建造专门的滑道。标准的冰壶滑道长45.720米(150英尺),宽5米(16英尺5英寸),但最短不得少于44.501米(146英尺),宽不得窄于4.42米(14英尺6英寸)。场地四周设有高2英寸、宽4英寸的木框,以防冰壶溜出界外。冰道的一端画有一个直径1.829米(6英尺)的圆圈作为球员的投壶区,称本垒。冰道的另一端同样画有一个圆圈,称为营垒。营垒是由4个半径分别为0.1524米(6英寸)、0.610米(2英尺)、1.219米(4英尺)和1.829米(6英尺)的同心圆组成,外面两圆之间涂以红色。在场内有6条与端线平行的横贯全场的蓝线,中间的两条线称前卫线(亦称前掷线),两端的两条称后卫线(亦称底线)。在前卫线和后卫线的中间有一个纵横交叉的十字线,称"丁"字线(亦称"T"线)。"丁"字线的交叉点是营垒的中心点(图8-5)。场内距端线1.22米(4英尺)处各装有一个斜面橡胶起蹬器,是投掷冰壶处(图8-6)。

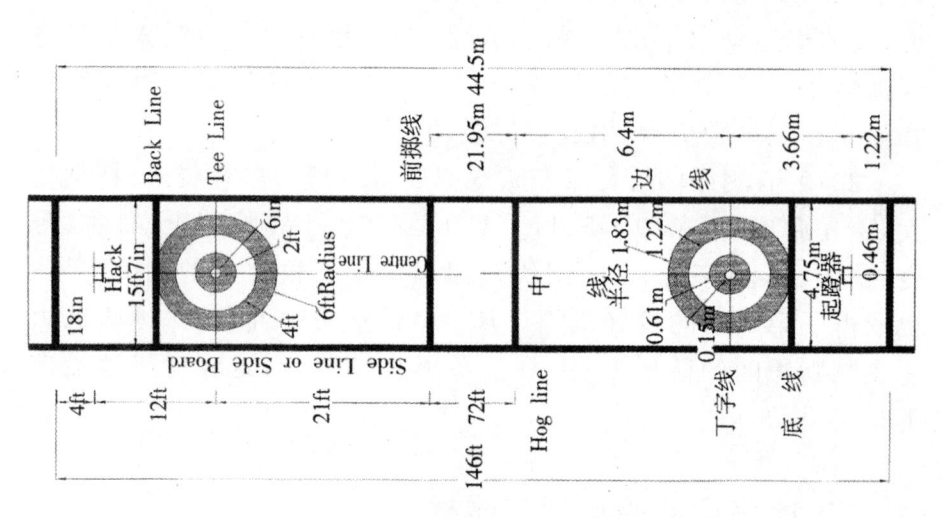

图 8-5

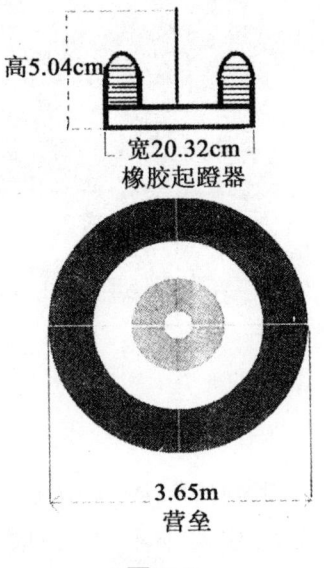

第八章　冰上大众健身活动实践挖掘

高5.04cm
宽20.32cm
橡胶起蹬器

3.65m
营垒

图 8-6

(二)运动器材

冰壶运动器材包括冰壶、专用鞋和冰刷。

1. 冰壶

冰壶亦称"砥石",扁圆形(图 8-7),由苏格兰不含云母的花岗岩石制成。其圆周不超过 91.44 厘米(36 英寸),高度不低于 11.43 厘米(4.5 英寸),包括手柄和螺栓总重量不得超过 19.96 千克(44 磅),不轻于 17.24 千克(38 磅)。

2. 专用鞋

冰壶运动专用鞋根据其功能不同,两脚鞋底的结构有所不同,蹬冰脚鞋底由橡胶制成,形状一般为皱纹状或穴状,而滑行脚鞋底则由塑料制成。滑行鞋穿在支撑脚上,蹬冰鞋则穿在蹬冰脚(浮腿)上。滑行鞋还有一种为鞋套式,即比赛时将其套在普通鞋上代替滑行鞋。

图 8-7

3. 冰刷

早期冰壶比赛用的冰刷由马鬃或猪毛制成,目前则全部采用合成纤维。冰刷的头部尺寸大小不一,一般为 15~20 厘米,刷柄长约 120 厘米,直径 2.5~2.8 厘米。

4. 洒水箱

洒水箱由水箱、水管和喷头组成。每次练习或比赛前都应喷洒一次,以形成麻点。麻点的大小、形状以及数量对冰壶滑行的速度和轨迹有很大影响。

冰壶运动的服装原则上要保暖、大方,不影响动作。下装以保证伸缩自如不影响投壶动作的面料制成为宜,上装可着运动服或毛衣。

比赛时要求参赛队的服装统一,并与冰壶颜色的深浅一致;上衣背后上方要有选手的姓和参赛队名。投壶过程中不允许戴手套。

三、冰壶运动的规则

(一)冰壶竞赛的种类

冰壶运动竞赛种类较多,根据比赛规模和层次,可分为国际比赛、洲际比赛和国内比赛。

目前,国际冰壶比赛主要有冬奥会、残疾人冬奥会、世界大学生冬季运动会、世界男子冰壶锦标赛、世界女子冰壶锦标赛、世界混合冰壶锦标赛、世界残疾人冰壶锦标赛、世界老年冰壶锦标赛(50周岁以上)以及世界青年冰壶锦标赛(20周岁以下)。

洲际冰壶赛经世界冰壶联合会批准的主要有亚洲冬季运动会、泛太平洋冰壶锦标赛、泛太平洋青少年冰壶锦标赛(18周岁以下)、欧洲混合冰壶锦标赛、欧洲青少年挑战赛(18周岁以下)、欧洲青年奥林匹克节以及大陆杯。

我国国内的冰壶比赛主要有中华人民共和国冬季运动会、全国冰壶锦标赛和全国冰壶冠军赛。

(二)冰壶竞赛的规则

冰壶运动竞赛规则由冰壶规则、通则以及比赛系统三部分组成。冰壶规则包括赛道、冰壶、参赛队、运动员位置、投壶、自由防守区、扫冰、被触动的移动冰壶、被移动的静止冰壶、装备器材、得分、中断比赛、轮椅冰壶以及混双冰壶等14款。为便于教学和学生掌握,本节仅对其中部分规定进行简要介绍,关于规则的文本及其具体条款,详见世界冰壶联合会2010年6月公布的2010—2014年赛季"规则手册"。

冰壶比赛每场要有两队参加,每队5人,其中一名替补队员。比赛开始,双方首先要通过投币决定先手和后手,即先投和后投,得分较多的队将以先手进入下一局比赛。第1局的先手有权选择全场比赛冰壶的颜色。

冰壶比赛分10局进行,局间休息1分钟,5局为半场,休息5分钟。每局比赛各垒队员均有两次投壶机会,投壶先从双方的一垒开始,两名队员交替进行,然后是二垒、三垒和主力队员。每局比赛结束位于大本营并比对方所有冰壶更接近圆心的壶为得分壶,每壶得1分。比赛结束以10局累计得分多者为胜,如果两队得分相等,则要通过10分钟追加赛决定胜负。循环赛结束以各队积分的多少排定名次,积分多者名次列前,如两队积分相等,则以循环赛中两队的胜负关系决定。

每队每场 10 局比赛时间为 73 分钟。计时从两队各自投出的第一壶越过前掷线时开始,至冰壶止或超过底线时计时记录停止。当 10 局比赛最后一壶投完,将两队各自所有投掷壶的计时记录时间分别累计相加,即为比赛双方各自的比赛时间。

在 10 局制比赛中,每队允许有两次暂停,追加局 1 次,时间均为 60 秒。本队计时时可由任一队员通过"T"形手势叫停,但暂停时队员不得与场上队员以外的任何人接触或协商。

比赛中非投壶队在投壶队投壶期间应在两条限制线之间沿边线静止站立,并不得有任何阻碍、干扰、分散对方投壶队员注意力或威胁的动作,其指挥或副指挥可在底线后选择一个固定位置,但不能干扰投壶队的指挥或副指挥选择的位置。投壶队指挥或副指挥负责掌管大本营,投壶时其指挥可位于前掷线以内的冰面上,而非指挥和非投壶队员则要站于擦冰位置。

规则规定,运动员投壶时手必须在冰壶到达前掷线前完全松开,如果违例则该壶将被拿开。同时,投壶时运动员要做好准备,不得延误投壶时间。

此外,规则对擦冰也有严格的要求:擦冰必须是直线的横向擦拭,不得在冰壶前方设置碎渣、冰屑等,擦冰可在任意一边结束。同时还规定,在比赛端"T"线前只允许投壶队的队员进行擦冰,当冰壶越过比赛端"T"线后,比赛双方均可有一名队员参与擦冰,投壶队拥有优先权,可以是任一名队员,而非投壶队则只能是指挥或副指挥。

四、冰壶运动技战术实践指导

(一)冰壶运动技术实践指导

1. 投壶

投壶是冰壶运动中最基本的技术之一。比赛中的得分与失分、胜与败都与投壶有着直接的关系。

(1)准备姿势

①技术要点

投壶准备姿势的要点包括蹬板脚和滑行脚的位置,膝、腰、大腿的位置,投壶臂和持刷臂的伸展方法,对头及上体的要求。

②动作要领

A. 蹬板脚脚掌垂直踏上蹬板,脚尖向前,滑行脚位于蹬板脚的侧前方。

B. 蹬板脚和腿与投壶方向平行,腰与投壶线垂直。

C. 上体自然放松,头抬起,目视前方。

D. 投壶臂自然伸直,冰壶置于体前。

E. 平衡臂手握刷柄40～50厘米处,刷毛向上,刷尾着冰,刷头置于滑行脚侧前方,刷柄位于臂下控制在体侧后方,臂自然伸直。

(2)投壶技术

投壶技术包括前推、后引、后蹬和滑行4个阶段。

①前推

上体和持壶臂稍向前移的同时,重心上提完成提臀立腰。前推时,滑行脚稍向前移或不动。

②后引

技术要点:身体各部分动作的协调和后引时间的选择。

动作要领:持壶后引,重心位于踏蹬脚,上体保持水平,并与冰面保持一定距离,冰壶和滑行脚同时向后移动,腰与投壶线保持直角。

③后蹬

技术要点:动作时机的选择以及身体重心和滑行脚的控制。

动作要领:滑行脚前移并将投壶臂伸直,滑行脚在冰壶后面慢慢滑进,后蹬脚蹬出踏板,重心移至滑行脚。

④滑行

身体滑行的动力,是从踏蹬板蹬出使体重移至滑行脚并获得向前滑行的力。

技术要点:滑行脚的正确位置和动作,平衡臂的运用以及伸展身体的方法。

动作要领:重心落在整个脚掌上;滑行脚的脚尖稍向外展,以增大支撑面积。

技术过程:

A. 提臀立腰,由准备姿势进入滑行。首先提臀立腰,以拓展砥石向后摆动的空间,肩、背与冰面保持水平。

B. 滑行脚置于腹下,体重落在滑行脚上。

C. 平衡臂手握冰刷,臂伸直,刷柄置于腰侧,刷头接触冰面,并始终保持在滑行脚侧前方。初学者可借助冰刷保持身体平衡。

D. 投壶臂进入平衡滑行阶段后自然伸向前方。

E. 此时,浮腿(完成后蹬进入滑行阶段的腿)自然伸直,脚尖伸向后方,其朝向有 3 种:内旋朝向体内;平直朝后;外旋朝向体外。

F. 上体可根据习惯采取低、适中或略高 3 种姿势,以保证正确的握柄方法。手松开脱离冰壶后,上体逐渐降低,双肩保持与冰刷垂直。

G. 为了保持滑行中的身体平衡,蹬板力量应逐渐加大。

(3)清洁冰壶

用冰刷刷净冰壶底部,然后用手确认是否擦拭干净,最后检查滑行线路上是否有异物。

(4)投壶方向与投壶线

握法:用拇指和食指握住壶柄控制冰壶,注意拇指贴住壶柄。

冰壶滑行的动力:身体滑行的动力来自后蹬,而冰壶移动的动力则源自前推(或前摆)。

冰壶旋转时壶柄的位置和松手:壶柄向逆时针方向旋转成30°,一直保持在前推、后引和蹬板全过程。在松手之前 1 米处,手腕向外旋转,待虎口正对前方时松手。

持壶臂姿势:手臂自然伸直,直至松手。松手时持壶臂应正对营垒内指挥队员的冰刷。

身体姿势:不要过低,要保持移动时的高度,松手后上体开始降低。

投壶后滑行:要目视指挥队员的冰刷,投壶手伸向前方,身体在冰壶后面继续滑行。投壶臂、手和手指在投壶线上保持朝向指挥队员冰刷的姿势。

壶柄的旋转:冰壶从松手到大本营以旋转2~3周为宜。

投壶线:指蹬板中心点到指挥队员所指目标的连线。

身体朝向:腰和肩与投壶线成直角,后蹬脚的膝关节和大腿正对冰刷,滑行脚与投壶线平行。

冰壶的位置:

①投直线壶时,身体正对冰刷,在中心线的上方。

②以大本营右侧为目标时,冰壶左侧的1/3在中线左侧,2/3在中线右侧。

③以大本营左侧为目标时,冰壶右侧的1/3在中线右侧,2/3在中线左侧。

2. 擦冰

擦冰可保持冰壶滑行速度和延长滑行距离。冰刷与冰面的摩擦可以使麻点状冰面光滑、除霜和清除异物,使麻点状冰点融化后形成一层薄的水膜,进而起到冰面和冰壶间的润滑作用。

(1)擦冰要求

擦冰的技术要求有以下三点。

第一,掌握柔和而有节奏的擦冰动作,体现擦冰者的耐力。

第二,做与滑行方向垂直的快速擦冰,体现擦冰者的速度。

第三,擦冰过程中将体重压向冰刷,体现擦冰者的压力。

(2)擦冰技术

姿势:擦冰在冰壶的左侧或右侧均可,以左侧擦冰为例,左脚滑行,在冰壶的左侧擦冰,面对冰壶,上体前倾45°,两脚分开稍宽于肩,膝微屈,重心在滑行脚上,肩对冰壶的滑行方向,目视冰壶,移动脚朝向前方。

握法：滑行脚同侧手（左手）握于刷柄上 2/3 以上处，右手握刷柄下 1/3 左右，双手通过冰刷支撑冰面将部分重心移到刷头上，刷柄与冰面约成 60°。冰刷与冰面的角度越小，给冰刷的压力亦越小。

移动脚：推进式擦冰的前脚是滑行脚，后脚是蹬冰脚。

擦冰方法：

第一，推进式擦冰，滑行腿膝关节微屈，与冰壶前进方向成 45°，重心几乎全部放在滑行翼上，蹬冰腿成自由状，用刷头在冰壶的前面擦冰。

第二，身体在冰壶侧方擦冰时，可用双脚移动，身体与冰壶滑行线成 45°，用走步、轻跑或擦冰走的方法擦冰。

擦冰要求：上面手臂弯曲，下面手臂伸直，刷头从肩开始前后运动。擦冰要短而快，也可屈伸双臂增加擦冰力量。

（二）冰壶运动战术实践指导

1. 冰壶比赛战术类型

冰壶比赛有两种基本战术打法，即击壶出界和投准。击壶出界战术相对保险，是防守型打法；投准战术是利用比赛局面，将壶投中大本营内得分的进攻型战术。表 8-1 是两种战术的比较。

表 8-1　投准与击壶出界两种战术比较

投准战术	击壶出界战术
开始的 2、3 局比赛之后	比赛初局
比分落后时	比分领先时
握有最后投壶权时	没有最后投壶权时
比对方强时	比对方弱时
涩冰面时	冰面正常或走直线时
正常冰面时	冰面异常光滑和沉重时

(1) 防守战术

击壶出界战术是将对方投出的有效壶击出界外的防守型战术，是最适合于阻止对方得分的战术。在下列情况下可采用击壶出界战术。

①无论有无最后投壶权，开局均可采用此战术。因为不论哪个队在没有熟识冰面的情况下，贸然采用对投掷技术要求很高的壶是不明智的。

②当掌握最后投壶权时，合理运用击壶出界战术有可能得分。

③比分领先2分以上时，运用击壶出界是阻止对方得分最适宜的战术。

选择击壶出界战术的时机应根据比赛进程而定，如比赛开局（1—4局）比分差距小于3分或始终领先2分时，均可采用击壶出界战术。

(2) 进攻战术

投准战术是在一局比赛中以得2分以上为目的的进攻型打法。什么时间采用哪种战术可参考下列因素。

主力队员的战术运用是以得2分以上为目标。主力指挥队员将冰壶投到大本营两侧，同时，打开1.22米，亦即营垒第三个同心圆内部分，以备进攻不利时创造得1分的可能性。因为后手可能得到更有效、更多的得分机会。在只有得1分的情况下，可以将壶投出界或将对方壶击出界，以获得后手机会。

在下列情况下可采用投准技术。

①过了开盘。除了赛前可以熟识场地之外，投准战术一般在过了开盘之后采用。最初2~3局主要是熟识球面，掌握投壶点，投壶速度、力度及旋转。在尚未了解冰面情况时，采用投准进攻战术是非常危险的。

②比分落后。当比赛到第8局比分相差1~2分时，不宜轻易采用投准战术；当比分差距在3分以上时，为扭转局面可采用投准进攻战术。

③握有最后投壶权。这时进行大规模进攻,有可能得2分以上,扭转比赛局面。

④遭遇强手。当对方实力明显强于本队时,可采用投准战术,利用对方击壶失误取得以弱胜强的结果。

2. 赛中战术

比赛战术是随比赛的进行而变化的。可从以下环节进行分析。

(1)开盘(1~3壶)

这一阶段属摸索阶段,要适应冰面并建立信心。以1~3个壶试投,主要应采用防守型打法。

此时选择击壶出界战术的打法要简练,在投壶过程中不宜采用过多要求壶速和力度的投法,尤其一垒和二垒选手一般在弱、中、强三者中选择。主力队员负责下达速度、力度指令,并明确所有队员接受和懂得下达指令的手势。例如以正常冰面和两队实力相当为前提,甲队握有最后投壶权,甲、乙两队各有一壶在得分位置,甲队采用击壶出界战术是最安全的打法。

(2)中盘(7~9壶)

这一阶段确定战术难度最大,主力队员应根据战局变化,灵活、准确地选择进攻或防守战术。当本队处于劣势时,是挑战的最佳时机。在这种情况下经常采用障碍壶战术如下。

①由于冰面状况及队的能力等因素,当运用防守战术较困难时,可采用障碍壶战术。

②采用偷袭得分打法。当对方一侧有障碍壶,而本方不进行击打时,可投障碍壶至大本营中心。

③向一侧阻碍壶对面的大本营投准,意味着回避与对方正面交锋。此战术一般在局的结尾(主力队员投壶时)采用。在所剩冰壶少的情况下,可用于隐蔽在大本营决定胜负的试图。

④将壶投在障碍壶的后面,是一种较冒险的进攻战术,一旦失败会给对方造成利用障碍壶的机会,因此一般情况下较少

第八章 冰上大众健身活动实践挖掘

采用。

(3)最后壶

对主力队员来说,最后一壶是决定胜负的关键。通常本队处于领先或比分相等并握有后攻权时,选择防守型打法,而处于劣势或比分相等但没有后攻权时,则选择积极性打法。

第九章 雪上大众健身活动实践挖掘

2022年冬奥会将在我国北京和张家口举办。我国随之掀起了一股参与冰雪运动之风。本章就主要对其中的雪上健身活动的实践方法进行挖掘,以期使民众能够了解、喜欢雪上运动,并能身体力行地参与其中。

第一节 单板滑雪健身实践指导

一、单板滑雪简要规则

(一)单板大回转的主要规则

场地长936米,平均坡度18.21°,坡高290米。大回转用靴与滑雪靴相似,但更有弹性。滑板坚硬、狭窄,以利于转向和高速滑行。以滑行速度评定名次。主要技术动作有左右回转。比赛中两位运动员一起出发,在相邻的两个相同赛道上穿越一系列旗门,最先到达重点线的运动员晋级下一轮,而最终的冠军要赢得九轮比赛。

（二）单板U型池的主要规则

场地为U型滑道,长120米,宽15米,深3.5米,平均坡度18°。滑板稍软,较宽,靴底较厚。比赛时运动员在U型滑道内边滑行边利用滑道做各种旋转和跳跃动作。裁判员根据运动员的腾空高度、完成的动作难度和效果评分。单板U型池的主要动作有跃起抓板、跃起非抓板、倒立、跃起倒立、旋转等。

（三）单板越野赛的主要规则

四位选手在一条赛道上出发,穿越一些起伏的丘陵和跳跃一些坡度,每一组最快的两位运动员晋级下一轮。

二、单板滑雪的场地与装备

（一）单板滑雪的场地

对于大众娱乐性单板滑雪来说,在滑雪场的一般雪道即可进行,运动者可以根据自身水平和雪场条件选择雪道进行滑行。但是,进行正式的比赛和训练,场地就要符合一定的标准和要求,为运动者的技术水平发挥提供条件。对于不同级别的比赛,场地的标准和要求会有所不同。单板滑雪的项目众多,在前文已经有所介绍,目前我国开展的竞技单板滑雪项目仅有单板U型场地和双人平行大回转两项。这里仅以单板U型场地滑雪项目为例,对国际雪联单板滑雪场地标准加以介绍。

1. U型场地的标准

U型场地的定义:在雪中修成的U型槽道。国际雪联规定的单板U型场地标准如下:单板U型场地滑雪比赛的场地数据应与FIS规则所规定的范围保持一致(图9-1)。

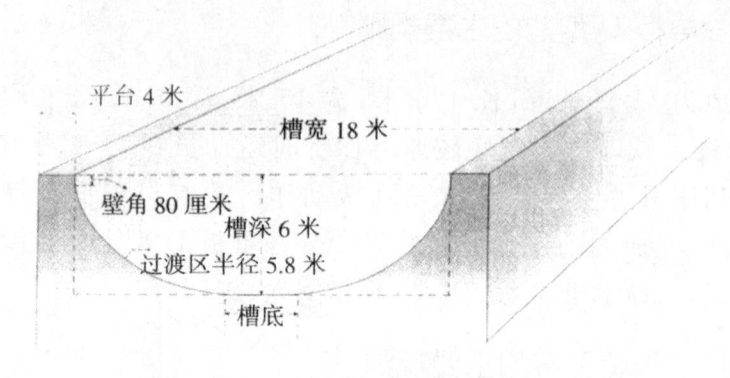

平台 4 米
槽宽 18 米
壁角 80 厘米
槽深 6 米
过渡区半径 5.8 米
槽底

图 9-1

U 型场地数据如表 9-1 和表 9-2 所示。

表 9-1　标准 U 型场地数据

场地数据	最小	推荐	最大
坡度（度）	14	16	18
长度（米）	100	120	140
U 型口宽（米）	14	16	18
U 型深度（米）	3	3.5	4.5
单侧过渡区弧长（米）	3	4	5
出槽平台区（米）	最大 5		
入槽平台区（米）	最大 2		
壁角至内围网的距离（米）	2		
内网至外嗣网的距离（米）	0.5		

表 9-2　超级 U 型场地数据

场地数据	最小	推荐	最大
坡度（度）	14	16	18
长度（米）	120	140	160
U 型口宽（米）	16	18	20

续表

场地数据	最小	推荐	最大
U型深度(米)	4.7	5.2	5.7
单侧过渡区弧长(米)	5.2	6.2	7.2
出槽平台区(米)		最大5	
入槽平台区(米)		最大2	
壁角至内围网的距离(米)		2	
内网至外围网的距离(米)		0.5	

2. U型场地的相关规定

U型场地有关数据必须符合FIS的具体要求。

U型场地最晚应在比赛的前3天建成,且必须达到进行训练的要求。

出发区域是为运动员提供以适宜的速度进入U型场地的过渡区域。

出发过渡区域不属于竞赛的有效区域。

U型场地原则上应该符合FIS场地规定,应有符合标准的修整U型场地的专用开槽机,并且在正常情况下要保证比赛前有3天的训练时间。

在特定的条件下,技术代表可以决定缩短训练时间。原因是如果不缩短训练时间,就会影响国际雪联相关规定的实施。

超级U型场地示例如图9-2。

(1)裁判台有关规定

①裁判台的面积不得小于5米×2.5米。

②裁判台是裁判员观看运动员滑行技术的场所,应该视野辽阔,便于观察运动员的滑行状况。为确保比赛正常进行,应该为裁判员提供一个良好、舒适的环境。

③裁判区域要用隔栏围挡,使运动员、观众不能进入。

图 9-2

(2)终点线有关规定

由裁判长设定终点线(从 U 型场地底部到 U 型场地两壁角并延长的 U 型场地平面的色线),在线内进行的动作为有效动作。

(3)起点区有关规定

除了将要出发的运动员和一名教练员以及起点的官员外,其他任何人均不得进入起点区。起点区需要妥善布置以防恶劣天气。要用绳索为教练员、领队、服务人员等圈出一个专门区域,以使待出发运动员免受观众干扰。

(4)起点区域有关规定

起点预备区域应使运动员能够放松地站立在起点线后,出发后能很快达到全速。

(二)单板滑雪的器材与装备方式

1. 单板滑雪运动常用器材

单板滑雪的器材、装备包括雪板、雪鞋、固体器、滑雪镜、滑雪服、手套、帽子、护具(图 9-3 至图 9-6)。

单板滑雪的雪板分为高山滑雪用板和自由滑雪用板两类。高山滑雪追求的是速度,雪板窄而长,板尖为圆形并向上翘起,板尾平。自由滑雪追求的主要是技巧,雪板较宽,雪板两头均为圆形,并向上翘起。

第九章　雪上大众健身活动实践挖掘

①高山板　　　　　②自由板

图 9-3

①高山雪鞋　　　　②自由雪鞋

图 9-4

①高山用脱落器　　　　②自由用固定器

图 9-5

①雪服　　　　②头盔、雪镜、帽子、手套

③护具

图 9-6

2. 单板滑雪运动器材装备方式

(1)单板的选择

选择雪板时,首先应考虑的是滑行的目的:追求速度,应该选择高山滑雪用板;追求技巧,就应该选择自由用雪板。选择自由

· 238 ·

用雪板时还要考虑两个方面：一是长度，二是软、硬度。单板长度的选择：雪板应该比身高短 20 厘米左右；在单板软硬度的选择上，建议初学者选择软板。

（2）固定器的安装

固定器的安装应考虑如下两个方面。

第一，宽度，即两脚之间的距离。两脚间的宽度一般与自己的肩部同宽，或者稍宽于肩。这样，膝关节的屈伸比较自如。如果过宽，在滑行时前后稳定性好，但雪板的弹性差；而如果过窄，在滑行时前后的稳定性差，但雪板的弹性好。

第二，角度，即固体器中心线与雪板的纵轴线之间形成的角度。角度分为三个方向：角度中间为零、向前为正、向后为负。单板滑雪固定器对于雪板的角度没有具体的规定，决定角度的原则应该是符合自身和项目的特点。一般自由用滑雪板固定器的安装多采用两脚尖稍微外展一点，角度一般为前脚选择＋5°～10°、后脚－5°～10°者比较多，因为这样的角度有利于正、反脚技术的全面掌握。另外，还可以根据自己的习惯稍微跷起脚尖、脚跟、脚内侧、脚外侧。固定器安装方法是依据底盘的刻度，调整到自己所需要的角度，拧紧 4 个固定螺丝即可。

（3）雪板的放置与携带

为了防止雪板滑下山坡产生危险，在滑雪场地放置雪板时要将固定器一面放在雪面上（图 9-7）。

图 9-7

雪板的携带方法一般要求如图 9-8 所示。

图 9-8

三、单板滑雪运动重点技术

(一)基本动作

单板滑雪基本姿势为眼睛要一直注视着前进的方向;肩膀放松,肩、胸、髋朝向目标方向;手臂自然向前抬起,保持平衡,前臂指向前进方向;膝关节放松、微屈;重心保持在前脚。

具体的单板滑雪运动技术有如下几项。

1. 单脚固定动作

将前脚固定在板上,另外一只脚踩在防滑垫上,靠近后脚的固定器,面向前方,与板头同一方向,胸部也要朝向同样的方向,想象双手和双臂在腰前方保持平衡,双膝微屈,将身体 60%～70% 的重量置于前脚。后脚置于滑雪板脚跟侧板刃后方,将趾尖侧板刃翘起,感觉脚跟侧板刃并施以一定的力量。后脚置于滑雪板趾尖侧板刃前方,将前脚脚跟侧板刃抬起,感觉脚趾侧板刃并施以一定的力。要体会穿着滑雪板的感觉,逐渐熟悉并适应这种感觉,使滑雪板成为身体的一部分。最初可以用前脚抬起滑雪板,然后分别用板头和板尾接触地面或雪面。熟悉后,用前脚带滑雪板向前滑,小步向前移动,也可以将滑雪板抬起后按自己的角度转动。

2. 双脚固定动作

最初双脚固定比较难掌握平衡,建议先在有扶手的地方逐渐体会双脚固定的平衡动作。

基本动作:目视前方,双手抬起在腰前并指向前方,膝微屈,重心稍向前倾,加重与减重,屈膝向下加重,然后腿伸直,向上减重,身体重心稍向前,上身左右转动,前后移动重心。手扶着墙或其他有扶手的地方,分别体会脚跟侧和脚趾侧板刃的感觉。找一块比较平坦的雪地,双脚固定在雪板上,重心位于两脚之间,两脚分别向滑雪板两侧用力扭动。逐渐将重心移到前脚或后脚。这时你会感觉到重心脚很难控制,反而另一只脚比较容易滑动。

将重心置于前脚时,后脚向两侧滑动,是转弯时所需要的关键动作。很多初学者最大的问题就是因害怕而重心向后,从而导致无法控制方向。

倒地与站起是单板滑雪初学者必须面对的情况。首先要学会如何防止受伤。趾尖侧(向前)对着山坡倒地时,要双膝、双拳着地。面向山下摔倒时,不要用手撑地,应双肘置于胸前或前臂主动落地并顺势向外伸展。

脚跟侧(向后)倒地时要使臀部、背部滚动进行缓冲。

滑雪时应注意将重心放在坡上方板刃,一定要注意不能让朝向坡下的板刃卡雪,否则将会重重地向山下摔去。当你感觉身体失去平衡时,要顺势倒地,通过缓冲减少受伤的几率。

站起时很重要的一点是要使雪板与下滑线垂直,也就是要使雪板横在山坡上。面向山坡的倒地(跪姿)比较容易站起来。背向山坡的倒地(坐姿)站起时稍有难度,可以双手撑地站起,也可以一手撑地、一手抓板前端板刃帮助站起。将后脚固定于雪板时最好在下坡处,山坡的角度更有利于站起,同时更容易感觉到板刃。向山谷的重摔通常是由板刃卡雪造成的。可以先转成面向山坡倒地的动作站起,也可以转身站起,直接下滑。

根据倒地方向、站起习惯以及不同方向、不同板刃练习的需要,有必要学会翻滚换刃。

(1)跪变坐(脚跟侧板刃换到脚趾侧板刃):往前趴下,膝盖弯曲,把板子举起,翻过来成躺着的姿势,坐起。

(2)坐变跪(脚趾侧板刃换到脚跟侧板刃):往后躺下,大腿抬高,把板子举高,上身随板子翻过来成趴着的姿势,跪起。

为了避免局部肌肉疲劳痉挛,练习时最好将脚跟侧练习和脚趾侧练习、向左滑行和向右滑行练习交替进行。在学会换刃转弯前,这种翻滚换刃是必须掌握的。

(二)移动、滑行与刹停

1. 平移与短距离上坡

(1)步行上山方法

如果乘缆车的人太多,或者运动者还没有掌握使用缆车的方法,或是喜欢踏雪登山的感觉,则可以用手拿雪板步行上山。

(2)单脚固定移动与上山方法

蹬滑板时,目视前方(不要看脚下),重心向前置于前脚,屈膝,双手位于身体前方(而不是体侧)腰的高度。整个身体要自然、放松,并保持平衡。分别练习脚在雪板两侧蹬滑板的动作,这将有助于在单板滑雪时将身体重心置于前脚。与在平地上蹬滑板一样,蹬起一定的速度,在能滑起来时,将后脚置于两个固定器之间的防滑垫上滑行。

步行上山,上缓坡时,前脚和雪板与山坡垂直。使雪板脚趾侧板刃切入雪中,未固定在雪板上的后脚向山上迈步。抬起雪板,保持与山坡垂直的角度,向上跟进。这样不断重复,向前行进。

(3)双脚固定移动的上山方法

双脚固定移动的上山方法通常需要消耗较多能量,一般只适用于短距离移动。

在平地或向上进行较短距离的移动时,为了节省时间,避免反复固定后脚,可以采用双脚固定移动的动作。平地短距离移动时,可以使板头指向前进的方向,双脚向前摇动,使雪板先向前移动,身体随之向前。向坡上进行短距离移动时,也可以四肢配合向上移动。双手先向前伸,支撑,使双脚向上跟进。主要靠双手和脚趾侧板刃配合前进。

2. 基本滑行与停止

(1)单脚固定向下滑行与转弯减速

选择一个较长、平缓,而且人较少的缓坡,单脚固定在坡上约10米,然后转身,使板头向下,后脚踩在防滑垫上,身体放松,目视前进方向,保持重心稍向前,体会滑行的感觉,直到在平地上停止。注意不要单脚固定滑很长或很陡的斜坡,这样很容易使自己受伤。

单脚固定滑行重要的是要掌握转弯减速的方法,这对于下缆车来说是非常重要的。在上缆车之前,一定要进行单脚固定滑行、转弯、停止练习,可避免下缆车时摔倒受伤。

(2)脚跟侧转弯

单脚固定在缓坡上并使板头向下滑行,脚跟侧开始向下用力,同时脚趾向上抬起。

目视前方,前臂指向要转弯的方向,膝部微屈,脚跟侧轻轻向下用力。

大弧度慢慢转弯,用雪板脚跟侧板刃滑行,直到停止。

(3)脚趾侧转弯

保持重心向下滑行,眼睛和前臂指向要转弯的方向,膝部微屈。

准备转弯时,脚趾向下压雪,使雪板逐渐滑到横向。完成转弯时,面向山坡。停止后,后脚离开雪板,保持平衡。

单脚固定向下滑行时,也可以用后脚跟或脚尖踩板刃以外,帮助刹车减速,但注意重心要放在前脚而不是后脚。脚跟或脚尖拖雪时,要配合上身的转动。脚跟拖雪会形成对着山下的脚跟侧转弯;脚尖拖雪会形成对着山上的脚趾侧转弯。

(4)横推

选择一处缓坡,将雪板与下滑线垂直,通过板刃角度控制身体平衡向下滑行。身体重心位于上坡板刃,体会如何通过控制板刃角度来控制速度。板刃角度小,速度快;角度大,速度慢或停止。注意雪板不要放平,以免下坡板刃卡雪摔倒。

在掌握好身体重心与控制板之间的关系之前,每次尝试用板刃站立滑行几乎都会摔倒。强烈建议在教练的协助下进行控制板刃角度的滑行练习。初学者也可以先在有扶手的地方体会重心在板刃上的感觉。

①脚跟侧横推。上身正直,目视前进方向,重心置于板中央脚跟侧板刃,保持正确的站姿。脚尖慢慢放下,向下滑行,脚尖慢慢抬起,速度减慢,要像踩刹车一样,小幅度、频繁地控制脚尖。注意正面直线下滑时,要保持重心在两脚之间。

- 板刃角度小,向下滑行速度快。
- 板刃角度稍大,滑行速度变慢。
- 更大的板刃角度将使滑行停止。但静止不动时的板刃角度是很难保持平衡的。建议降低板刃角度继续向下滑行或坐下。

如果重心不是平均分布在两只脚上,雪板将会沿斜线向下滑行甚至转弯。掌握了正面直线横推下滑后,可逐渐将重心移向左腿或右腿,同时手臂稍指向左前方或右前方,初步体会斜向横推下滑。

掌握了脚跟侧横推的方法,滑雪者将可以从较陡的坡上安全滑下,也可以在此基础上学习更多的技术。

②脚趾侧横推(双脚背面下滑)。上身正直,面向山上,重心

第九章 雪上大众健身活动实践挖掘

置于板中央,用脚趾侧板刃向下滑行。注意脚跟侧板刃一定不能碰到雪,卡雪会使滑雪者摔得很重。建议初学者请教练协助保持平衡并观察身后情况,重点体会脚趾侧板刃以及板刃角度对速度的影响。膝关节向下压,板刃角度增加,速度减慢进而停止。脚跟稍向下放,板刃角度减小,雪板向下滑行。

- 脚跟放下,板刃角度小,向下滑行速度快。注意脚跟侧板刃一定不要卡雪。
- 屈膝、脚趾向下压,板刃角度稍大,滑行速度变慢。
- 更大的板刃角度会使滑行停止。

③其他横推下滑方法。掌握了脚趾侧横推下滑后,要逐步体会斜向横推下滑。要点是眼睛注视前进方向,手臂指向同一侧,重心移向同侧腿。掌握了斜向横推下滑后,将左、右两侧的横推滑降交替进行,向左、向右、再向左、再向右,如此交替,即左、右横推滑降。此时滑行路线像"Z"字,因连续的动作路线像树叶在空中飘落,有人将其称作"落叶飘"。要点是上身挺直,膝盖微屈,重心移向前进方向,目光注视行进方向,手臂指向同一侧。在要改变方向时,后脚逐渐用力压板刃,雪板会逐渐改变方向并减速。在将要停止时,移动重心,后脚变为前脚,目光转向前进方向,向另一侧滑行。熟练以后,逐渐增加下降的角度和滑行的长度,继续进行同样的练习。

(5)左、右连续滑行

在左、右横推滑降的基础上,继续增加下降的角度,保持使用上坡的板刃,使雪板几乎平行于下滑线开始加速下滑,用力压板刃,使雪板逐渐改变方向并减速,但不是使雪板横向停止,而是继续向山坡上方转弯停止,滑行路线不是单纯的"Z"字,而是一个月牙形或半圆形。向上转弯停止后,转移重心,再继续向另一侧进行同样的练习。

(6)单向连续滑半圆

滑雪者穿越下滑线滑半圆,接近停止时,起身向前,板稍放平,逐渐接近下滑线,开始加速下滑,然后压板刃减速,继续朝同一个方向滑半圆。每次单向连续滑 3～4 次,然后换另一个方向(倒滑)或换另一侧板刃。这个练习对转弯有很大帮助。

(7)刹车

前面练习中已经基本掌握了减速停止的方法。遇有紧急情况,后脚迅速压板刃,将雪板转成与下滑线垂直,重心向上,并增加板刃角度,同时用板刃刮雪面,从而迅速停下来。有时上身朝向与脚相反的方向扭转有助于快速刹停。

在练习刹停或转弯时,要先有一定的滑行速度,这跟骑自行车一样,速度太慢,将难以维持重心,很难转弯,更难以体会出刹车的感觉。

(三)换刃转弯连续滑行

1. 滑转

滑转是把脚跟侧和脚趾侧的滑行连起来,滑成"S"形。换刃时有一瞬间是将滑雪板放平的,板头指向山下,此时注意身体不要后倾,重心向前,一定要等到身体重心放正,不偏向任何一边并且滑雪板完全放平后,再做下一个转弯动作。

注意转弯时不只是脚转,要先转头,转肩,转髋,然后转脚,滑雪板才会跟着动。眼睛要一直看着前进的方向,双手放在身体前面,随目光转动,当双手转动时,肩膀会跟着转,然后腰和脚也会跟着转。脚跟侧转弯时身体微向后倾,脚趾侧转弯时身体微向前倾。以左脚在前为例,先用脚跟侧滑,身体微向后仰,用脚跟侧板刃刮雪,雪板转向减速后,起身,重心回正向前,板头指向山下,滑雪板逐渐放平,然后转头、转身,屈膝,身体微向前倾,用脚趾侧板刃刮雪,保持屈膝动作,雪板转向减速后,起身,重心回正,板头指向山下,滑雪板放平,转身继续脚跟侧转。

练习转弯时,要注意身体保持正直,上身不要乱摆,要更多地运用身体的起伏和膝盖的弯曲。预备转弯之前,从最高点慢慢屈膝,在转弯瞬间达到最低点,而后徐徐抬起,到高点后转向另一侧,身体再不断下降,如此重复。注意每次转弯前控制速度,不要过快转身,也不要过快地加大板刃角度。

要循序渐进,可以先滑较大的弧线,然后逐渐缩小转弯半径。熟练后,逐渐减小上身转动幅度,更多地体会板刃、侧切和板的弹性在转弯中的作用,逐渐体会腰部和脚部的力量增加。在滑转转弯时,前脚应左右扭动,后脚前后推动,这样会形成更快的转弯,对于在较窄的雪道上处理紧急情况会很有帮助。

2. 割转

顾名思义,就是只用板刃割雪转弯。割转要求转弯时板刃与雪面的角度要大,也就需要身体前倾或后倾的角度大。实际上在练习滑半圆和滑转时,运动者可能已经因板刃角度的增加而体验过割转的感觉了。割转的原理与滑转的基本一样,只是割转用板刃割雪,而滑转是刮雪滑过。

练习割转时要选择雪车压过后的、没有冰或小雪包的雪坡,选择稍硬一点的雪板。练习时要有一定的速度,半蹲并压低重心,但不要向前弯腰,身体重心均匀分布在两脚中间,尽量使板尾刃与板头刃沿同样的路线切过,在雪地上留下清晰的切痕,而不是刮过的痕迹。割雪转弯通常不会像滑转那样刮雪刹车而减慢速度,因为割转是割雪而不是刮雪,所以入弯和出弯的速度可以维持一样。在转弯前换刃,并尽早开始转弯将有助于减少速度的损失。

割转时速度越快,要求板刃角度越大,也就要求身体向坡上刃方向倾斜角度越大。可以通过膝、脚踝和胯部的配合来增加板刃角度,同时增加转弯的稳定性。

进行割转时,要注意沿下滑线割转滑行,眼睛注视转弯路线,前手指向转弯方向,后手指向翘起的板刃,保持手臂、肩膀呈水平动作,用后面的腿帮助保持板刃与雪的接触并控制方向,也可以通过检验滑过的痕迹和练习减小噪音来检查技术是否提高。

(四)自由式基础

提到单板滑雪，很多人会想到自由式，似乎自由式更能彰显年轻人"酷"和"炫"的风格，也许很多年轻人在选择单板时就希望有一天自己也能"飞"起来，"炫"出来。在学习了单板的控制与平衡后，运动者基本体会到了一些单板滑雪的乐趣，要想玩得更酷，还需要学习一些自由式的基础动作。

1. 倒滑

与正常滑行相反，后脚在前，前脚在后滑行。如惯用左脚在前，但用右脚在前滑，就是倒滑。实际上在学习换刃转弯前进行的左右横推滑降（落叶飘）和左右连续滑半圆的练习，有一半的动作是倒滑。

在开始练倒滑转弯时，因为滑惯了一边，换另一边滑会觉得有些不习惯，所以要重新体会转弯的感觉和雪板与身体重心的关系。

练习倒滑要有决心，要不断地练习。在练习时可以把速度降下来，但尽量不要总想着转回到正常滑行，要把所有前滑的动作都倒过来练习熟练，使正滑和倒滑都同样得心应手，这样运动者可以尝试的技巧就多了一倍，也对以后练习各种技巧很有帮助。

2. 缓坡转 360°

可以在缓坡雪地上练习顺时针或逆时针转 360°。以左脚在前顺时针转 360°为例，再用脚趾侧转弯 180°，转到右脚在前，再用脚跟侧转 180°，转到左脚在前的起始动作。每转一圈，各做一次脚趾侧转弯和脚跟侧转弯。逆时针转跟顺时针转相反，先做脚跟侧转弯，然后做脚趾侧转弯。练习时要注意目视方向及双臂对转弯的引导作用，同时注意身体在转弯中的起伏配合。

练习 360°转对于脚趾侧和脚跟侧的转换很有帮助。开始时应先慢慢转，熟练后，再逐渐缩小转弯所需的距离和时间。每次练完顺时针转后，要练习逆时针转。

第九章　雪上大众健身活动实践挖掘

3. 单脚抬起 180°

学会转 360°后,左右脚重心的转换就可以得心应手了。在转 180°时,重心前倾,将后脚抬起,完成 180°转,控制重心,后脚在前方落地开始倒滑。

4. 学"跳"前的准备

"飞"是每个单板滑雪者梦寐以求的技巧。学跳跟学转弯一样,要有一定的顺序和方法,要循序渐进。

学习跳起腾空之前一定要先掌握落地的方式,否则一定受伤。落地时一个基本的原则就是要屈膝,这样可以减小与地面产生的冲击力,不仅可以保护膝关节,也有助于对整个身体进行的缓冲,如果膝关节僵直,不仅容易摔倒,也很容易受伤。

保护膝关节的另一个要点是,落地点的坡度最好不要小于起跳点的坡度。否则很容易造成膝关节韧带的损伤。如果起跳前看不到落地点,最好在跃入空中前先查看一下地形,不要因为过于自信而把自己置于危险境地,同时请雪场管理员或朋友帮你巡视雪道,以免其他人进入落地点,造成伤害。

5. 纵跳转身

为了节省时间,避免反复固定后脚,运动者可能已经做过较短距离的双脚跳移动,也可能已经为了弹掉板上的雪使双脚上下跳动,这时的运动者已经初步体会了腾空的感觉。

练跳时不要心急求快。最初练跳时应选择平地,熟练后可以逐渐在缓坡上练习。熟练掌握原地纵跳后,在跳起的同时转身,膝部抬高,下肢跟随转动,便可以完成 180°转身。熟练后,可以逐渐增加难度,提高速度或增加转身角度,完成 360°转身。

6. 双脚跳转 180°

双脚跳起时,一只脚用力向上抬起,同时摆动手臂以同侧臂带动胯和腿完成转体。双脚离地时注意身体平衡。

· 249 ·

7. Ollie 跳

Ollie 跳是先抬前脚,然后利用板子的弹性顺势腾空的方法。练习时可以先在平地上进行侧跳,先左脚抬起向左边跳出,然后右脚跳起跟随往左侧跳,最后反过来练习往右侧跳。熟练后可以用同样的方式在雪地上进行 Ollie 跳练习。

先在平坡上完全静止的情况下练习,随后在缓坡上练,然后再将树枝放在坡上练习越障碍物。熟练后可以在雪坡有突起的地方练习 Ollie 跳,这样可以增加跳起来的高度,有利于体会"飞"的感觉。注意落地时用膝、踝和髋部缓冲,保持重心向前平稳落地,目视落地方向。

8. 抓板

抓板的感觉很"酷",但更重要的是抓板使运动者在"飞"的时候保持身体紧凑,与雪板成为一体。腾空时应保持身体平衡,目视落地方向,尽量向上抬腿,不要弯腰向下。最开始练习时可以用前手抓雪板脚趾侧两脚中间的位置。熟练后,逐渐练习抓板头、板尾以及脚跟和侧板刃,也可以换另外一只手进行练习。运动者也可以创造最适合自己的抓板方式。

9. 空中转身抓板

当运动者对倒滑、纵跳转身、Ollie 跳以及抓板等动作都很得心应手时,很自然就会将这些动作组合在一起。

练习空中转身抓板时,要用板刃起跳,并保证一定的速度和高度。首先要降低重心,跳起时转身并一直注视转身方向,落地时应注意控制重心。在练习 180°转身前,最好先练习脚趾侧倒滑起跳,这样有助于增加起跳高度和落地时的控制。360°转身需要更有力的转身和空间时间,落地与起跳用同侧板刃,姿势相同。空中转身抓板属于高级动作,一定要在熟练掌握其他基础动作的基础上练习。

第二节 高山滑雪健身实践指导

一、高山滑雪简要规则

(一)竞赛项目和竞赛顺序

(1)竞赛项目有滑降、回转、大回转、超级大回转、两项全能、三项全能等。

(2)竞赛顺序。

①单项:滑降、回转、大回转、超级大回转。

②全能:滑降、回转、大回转。

③一次赛会中,单项的竞赛应全部或部分早于全能项目。

④各组别每天只竞赛一项。

⑤竞赛项目和竞赛顺序(青、少年组),主办单位可根据场地、雪质、运动员水平等实际情况加以调整,在规程中予以规定。

(3)竞赛次数。

①滑降、超级大回转只进行一次。但当线路的高度差达不到规定标准时,除增加难度外,也可以在同一天同一线路上连续进行两次。

②大回转要在一天内,在两条不同的线路上各滑行一次,共计两次。

③回转要在同一天内,在两条不同的线路上连续各滑行一次,共计两次。

④全能项目中的全能滑降、全能大回转,全能回转,一般情况下各只滑行一次。

(二)分组

(1)全国冬运会不分组,其他竞赛可酌情增设青、少年组。

(2)年龄组规定。

(三)抽签

(1)运动员出发顺序,原则上按项目分组抽签排定,如果抽签时没有收到参加单位的分组名单,赛会可以根据书面报名的报名顺序编排。

(2)抽签方法:采用分别抽号和定人的双重抽法。抽签时一般由本队领队或教练员抽,也可由赛会裁判员代理。

(3)抽签顺序:第一组、第二组、第三组。

(4)抽签方式:赛前各项一次抽签。如果该项比赛在前一天晚上抽签,遇到恶劣气候,竞赛延期超过一天时,须重新抽签。

(5)单项的后几次、全能的后几项出发顺序,以前一次和前一项的名次成绩决定。前五名或更多名的运动员按名次逆顺在最前面出发,第六名或更多名以后按名次顺序出发。如前一次或前一项成绩相同,顺序由抽签决定。

(6)抽签后,运动员的分组及出发顺序不得改动。

(7)运动员的出发顺序要以书面形式分发各参加单位。

(8)所有参加单位领队、教练员必须出席抽签仪式。

(四)出发

(1)竞赛中,如采用电动计时时,等时出发的间隔为 40 秒、60 秒、90 秒,具体时间由裁判长决定。不等时出发时,要待前一名运动员抵达终点,并得到终点和线路的通知后,方可出发。

(2)出发口令:发令员在出发前 10 秒钟,提示运动员走上"出发台";5 秒钟时喊:"5、4、3、2、1",接着发出"出发!"的动令。使用电动计时时,动令由电讯音响播出。

(3)出发时,要让运动员看清公开表。

第九章 雪上大众健身活动实践挖掘

(4)出发时,运动员的腿尖不准超越起点线,雪杖和身体可以超越起点线。

(5)抢滑、晚滑和迟到者的出发:

①使用人工计时时,运动员抢滑要立即召回,重新出发。

②使用电计时时,按规定时间提前 3 秒钟或晚滑 3 秒钟都视为正常出发,其时间的计算按运动员实际出发开始计算。抢滑 3 秒钟以上为犯规;晚 3 秒钟以上出发,其时间仍以原定的出发时间为准开始计算。

③发令员不能因给迟到或抢滑、晚滑运动员发令而影响给正常出发运动员发令。

④有正当理由迟到、晚滑的运动员,其出发时间,无论人工或电动计时,均要按实际出发时间计算。

⑤无正当理由的迟到、晚滑者,如果大会允许,其出发时间仍按原规定出发时间计算。

(五)试滑

(1)试滑人数:3 人~5 人。

(2)试滑时间:竞赛前 5~10 分钟。

(3)试滑人员必须通过所有旗门,有效地滑完全程。

(4)必须佩戴与正式运动员不同的号码布。

(5)每项线路,都要进行试滑。

(6)试滑成绩不予公布,只提供大会有关人员参考。

(7)如无试滑人员,裁判长有权将第三组最末三名运动员提到第一组之前,按逆时针方式出发。

(六)熟悉线路与公开练习

(1)竞赛前至少应给运动员三天以上的熟悉场地线路的时间。原则上,运动员报到后不许封场地。遇有特殊情况,也只能由技术仲裁小组做出在某些时间封闭全部或部分线路的决定。

(2)在制定好安全和急救措施的前提下,滑降项目在赛前至

253

少要有两天的在与竞赛线路完全相同的线路上公开练习的时间。公开练习的时间一般在规程中下达，运动员要按另行抽签的顺序，佩戴号码布，在统一组织下进行公开练习，大会应给予正式计时。

（3）每项当日竞赛之前，运动员必须穿板并佩戴号码布视察线路。大回转和超线大回转可以由上至下横滑视察，但不准模拟滑行或通过旗门。

（七）重新滑行

（1）竞赛中，运动员在没有犯规的前提下，遇到下列情况时，经大会同意，可以重新滑行。

①在线路上受到工作人员、观众、动物阻挡或妨碍时。

②受跌倒的运动员妨碍和前面的运动员没给让路时。

③受前面的运动员甩掉的雪板、雪杖及碰倒的旗杆等妨碍时。

④在线路上受到急救活动妨碍时。

⑤计时设备发生故障时。

（2）经允许重新滑行的运动员，可安排在某相继出发的两名运动员之间滑行，使滑行条件尽量接近第一次。

（3）如果运动员先犯规，后遇妨碍，重新滑行成绩无效。

（4）重新滑行成绩不如第一次时，仍将以重新滑行的成绩作为正式成绩。

（5）线路设计完成的时间

①滑降要在竞赛前两天完成。

②大回转最好在竞赛前一天完成，最迟要在赛前两小时完成。

③回转要在竞赛前一天完成，最迟要在赛前一小时半完成。

④如果线路有大的改动，应给运动员安排熟悉和练习的时间。

第九章　雪上大众健身活动实践挖掘

(八)竞赛中对运动员的规定

(1)不准破坏和改变场地线路上的任何标志和旗门;不准私立标记。

(2)必须按照线路上的标志滑行,依次有效地通过所有旗门及终点门。

通过旗门的定义为:沿滑行方向,以任何方式,从任何方向,至少穿着一只雪板的双脚全部越过旗门两侧柱的连线。

(3)起滑和滑行中,不得借助任何外力。

(4)当他人要求让路时,必须迅速给予让开。

(5)撞倒旗杆、超出方向旗范围和跌倒、回跑等不算犯规。

(6)在不借外力的情况下,允许修理、更换雪具。

(7)中途弃权后,不得通过弃权处以下的任何旗门,更不准通过终点门。

(8)必须穿戴竞赛用具、装备。

(九)犯规与处罚

凡运动员违反下列规定按犯规处理,取消其竞赛资格。

(1)不符运动员资格者。

(2)不符年龄规定者。

(3)以不正当手段参加竞赛者。

(4)封场后,仍有意在线路上练习或私自改动旗门或标志以及不穿板视察线路者。

(5)发令时,点名三次或预告后超过30秒钟不到以及违背发令顺序者。

(6)电动计时时抢滑3秒钟以上,人工计时时抢滑3次以上者。

(7)没按指定的路线和标志滑行者。

(8)没有正确通过所有旗门或终点门者。

(9)不迅速让路或有明显阻挡者。

(10)不遵守安装规定,未戴头盔、防风镜及脱离式固定器者,私自安装和携带严禁物品者。

(11)不佩戴大会的号码布者。

(12)无理要求重滑者。

(13)未穿雪板离开"停止区"者。

(14)严重违反赛区纪律和不服从裁判员裁决者。

二、高山滑雪运动技术

高山滑雪基本技术是指在高山滑雪运动中所涉及的具有共性的基本动作的技术。高山滑雪基本技术中包含滑降和转弯两部分。

(一)滑降

滑降是指从高处向低处滑下。滑降从板形上可分为直滑降、犁式滑降、斜滑降和横滑降四种。

1. 直滑降

直滑降是指双板平行,面对垂直落下线直线下滑的技术。通过直滑降的练习主要掌握基本滑行姿势,体会速度、滑行感觉及重心位置,提高对不同坡度的适应能力及对雪板的控制能力。直滑降的技术重点是用腿部的屈伸来调节并保持正确的滑行姿势。

动作要领:

(1)双板平行稍分开,体重均匀地放在两腿上,两脚全脚用力。

(2)上体稍前倾,髋、膝、踝关节稍屈,呈稳定的稍蹲姿势,保持随时可以进行腿部屈伸状态。

(3)两臂自然垂放两侧,肘稍屈以协助保持平衡,肩部应始终处于放松状态。

(4)目视前方,观察场地及前方情况,防止低头看雪板。

2. 犁式滑降

犁式滑降是雪板呈八字形从山上直线滑下的技术动作。

动作要领：

(1) 双膝稍屈并略有内扣，重心在两板中间，两脚跟同时向外展，推开板尾，使雪板成八字形。

(2) 上体稍前倾，上体、双臂及肩部放松，两手握杖自然置体侧，杖尖朝后方。

(3) 眼睛向前看，防止低头看板。

3. 斜滑降

在斜滑坡上不是沿着垂直落下线下滑，而是用直线斜着滑过坡面称为斜滑降。

技术要领：

(1) 在坡面上斜对山下站立时肩、髋稍向山下侧转形成外向姿势。上体稍向山下侧倾而膝部向山上侧倾，用双板山上侧刃刻住雪面。

(2) 在下滑过程中应时时把握从山上向下踩住雪板的感觉，上侧板比下侧板向前一些，双板应平行。

(3) 在滑行时，保持上述姿势并注意两肩的连线、髋的连线和两膝的连线与山的坡面几乎平行。

(4) 斜滑降时"〈"形姿势变化与用刃是协调一致的，共同控制用刃强弱及速度。

(5) 两臂自然放松，目视前方8～10米处。

4. 横滑降

横滑降是指雪板横着沿垂直落下线方向直线或斜线的滑进。

技术要领：

(1) 双板平行，山上侧板稍向前约半脚。

(2) 身体侧对滑下方向与斜滑降相比，上体有更大的向下侧扭转的感觉。

(3)调节雪板底面的负重比例及双杖在山上侧的撑动滑进。

(4)双腿微屈,眼睛向山下侧看。

(二)转弯

转弯是指改变方向的滑行。转弯方法很多,作为基本技术的转弯大体可分为犁式转弯、半犁式转弯、双板平行转弯和蹬跨式转弯。

1. 犁式转弯

犁式转弯是高山滑雪转弯的基础技术。适用于缓坡、中坡的一般速度,并可适应除薄冰雪面之外的各种雪质。

动作要领:

在犁式滑降姿势的基础上将体重逐渐向一侧板上移动,保持雪板外形不变,进行自然转弯。单侧腿加力伸蹬也是在犁式滑降动作基础上,保持八字形不变,单侧腿加力伸蹬也会自然形成转弯。立刃转弯也同样,无论是移体重、单腿加力伸蹬还是单板加强立刃的转弯都必须注意雪板外形,身体姿势不改变。

2. 双板平行转弯及双板平行连续转弯

双板平行转弯是指两雪板保持平行状态进行的转弯。

动作要领:

保持一定的速度进入转弯的准备阶段,提重心、移体重。体重向转弯内侧移,一板内刃、一板外刃蹬雪,滑入垂直落下线。继续向前屈膝、屈踝,体重移动结束后点杖开始,外、内板的体重比例为7∶3。上一个转弯的动作结束阶段和下一个转弯的点杖,踝关节应有蹬实踏实的感觉,身体处于直立状态。利用蹬踏的反作用力与向内倾倒,向斜上方提起体重。再次滑入向垂直落下线的方向,此时应有骑自行车或摩托车时体重在转弯的内侧、轮胎(雪板)牢牢地抓住地面的感觉。

3. 蹬跨式转弯

蹬跨式转弯(又称踏步式转弯)是高山滑雪转弯技术中实用性及实效性都很强的技术动作。

动作要领:

在双板滑进的基础上弧内侧(右)板稍抬起并跨出,此时左板向弧外蹬出、右板跨出与左板蹬出应有同时进行的意识。外侧板(左)强有力地用刃刻、蹬雪为右板增大了向新的转弯方向的推进力,右腿主要承担体重。左侧板蹬板结束,重心升高开始收并板向左侧倾倒。然后双板平行进入新的回转弧。

4. 跳跃转弯

通过双腿的伸蹬和对地形的利用,两雪板离开雪面进行变向后着雪的转弯技术动作称为"跳跃转弯"。跳跃转弯不但能有效地在 20°～30°的陡坡上控制速度,改变方向,而且能在雪质条件较恶劣的情况下和场地条件较差的条件下有效地运用。

动作要领:

借助雪包或自身力量跳起,在空中改变雪板方向或变刃后着地。着地后雪板蹬出加大转动速度,动作应连贯,注意保持重心位置及落地缓冲。跳跃转弯起跳的时机、空中动作的进行及调节、落地缓冲及继续滑进应是有机和连贯的动作。

第三节 越野滑雪健身实践指导

一、越野滑雪简要规则

(一)比赛距离

在下面的内容中 km 表示千米,c 表示传统技术,f 表示自由技术。

一般比赛项目：

青年男子：10千米、15千米和30千米。

成年男子：10千米、15千米、30千米和50千米。

青年女子：5千米、10千米和15千米。

成年女子：5千米、10千米、15千米和30千米。

特殊比赛项目：

短距离与长距离滑雪比赛须依照国际雪联越野滑雪标准。

世锦赛项目：

青年男子：10千米、30千米、4×10千米。

成年男子：10千米、15千米、30千米、50千米、4×10千米。

青年女子：5千米、15千米、4×5千米。

成年女子：5千米、10千米、15千米、30千米、4×5千米。

(二)不同比赛的比赛距离和技术顺序

冬奥会和世锦赛比赛项目的距离和技术顺序：

男子：30kmc、10kmc、15kmf、4×10km(2c、2f)、50kmf。

女子：15kmc、5kmc、10kmf、4×5km、(2c、2f)、30kmf。

长距离项目比赛每隔一年改变一次技术，如下所示：

男子：30kmf、10kmc、15kmf、4×10km(2c、2f)、50kmc。

女子：15kmf、5kmc、10kmf、4×5km、(2c、2f)、30kmc。

世界青年锦标赛比赛项目的距离和技术顺序：

男子：10kmc、4×10km(2c、2f)、30kmf。

女子：5kmc、4×5km(2c、2f)、15kmf。

对各种距离的比赛，其技术每年将轮换。

世锦赛上有一半项目是传统技术，另一半项目是自由技术。

男女"越野滑雪追逐赛"按下列方式进行：

男子：2×15km、1×10km、1×15km或2×10km。

女子：2×10km、1×5km、1×10km或2×5km。

在追逐赛中两种技术均必须使用。第一天的比赛应间隔30

秒出发;第二天的比赛采用追逐出发式。通常情况下,两次比赛应在连续两天内完成。

(三)比赛线路

1. 线路要求

(1)线路应平坦、宽阔、安全。越野线路设计应能检验运动员的技术、技巧、体能,其难度应与比赛的水平相适应,要避免在单调而过长的平地滑行,尽可能选择自然、有起伏波动和上、下坡的路段。在可能的条件下应设计穿过森林的线路。但线路不宜因急转弯和陡坡及突然的"倒八字"滑行等因素造成节奏中断。下坡线路要确保运动员安全通过,避开冰带、陡角和狭窄地带,避免有危险的斜滑降。

(2)线路的开始阶段要容易些,难度应出现在全程的3/4处。出发后的2～3千米内,不应出现难度极大的陡坡。终点前1千米内也不应出现较长的危险滑降。

2. 线路准备

(1)做好线路的准备工作,以保证比赛时即使雪量较小也不会产生危险。线路上的石头、树桩、树干、树枝及障碍物要予以清除,尤其要注意下坡地段。雪季线路准备工作应用机械设备进行,若使用重型机械,必须尽可能保持地形原貌及其起伏路面。经过碾压的线路,雪的厚度至少要有10厘米。理想的线路是,长距离的比赛(4～10千米)都是单独路线。线路应使用红色旗帜或清晰的旗帜清楚地标记,在可能发生混淆的线路连接处应放置指示牌以指引运动员滑向正确的线路。

(2)选定的线路要准确丈量,并绘制线路图。线路图比例为1∶10000,截面图横向比例应为1∶50000,纵向比例为1∶50000。线路图上须标明累积爬坡、高度差、最大爬坡等,要标有比例尺刻度,指向标的箭头指向北方。

3. 线路标准

(1)全线路

按惯例,越野滑雪线路应包括:1/3 的上坡、1/3 的起伏路面和 1/3 变化的下坡。1/3 的上坡,斜度应在 9%(1∶11)到 18%(1∶5.5)之间,其高度差为 10 米以上,加上一些短的斜度大于 18% 的陡坡。

1/3 变化的下坡,要求能够进行多种滑降技术。全部线路或大部分线路在正常情况下可以重复使用。路线的最高点不应超过海拔 1800 米。

(2)线路宽度

线路至少 3~4 米宽,以使运动员安全无险地滑行。在线路横穿的斜坡处,线路应有足够的宽度。在传统技术比赛中,应在比赛线路上开设一条带有雪槽的雪道,从每条雪槽中心测量,两条雪槽分开的距离为 17~30 厘米,雪槽的深度为 2~5 厘米。使用两条雪道时,其分开的距离为 1~1.2 米,测量应以两条雪道中间为准。转弯处要精心选择,以保证运动员能按最佳路线滑行,而不至于偏离雪道。

(四)出发

在国际竞赛日程表中的比赛,采用单人出发、集体出发和追逐出发。单人出发通常采用半分钟间隔出发。技术代表可以批准短些或长些的出发间隔,以便使参赛运动员有公平的条件。

1. 出发程序

(1)集体出发程序。除出发号码按逆序抽取外,运动员将被分成组。出发顺序为第Ⅳ组、第Ⅲ组、第Ⅱ组、第Ⅰ组。如果需要 B 段和 C 段参加比赛,他们将在 A 段之后出发,出发顺序为 A 段、B 段、C 段。

(2)追逐赛出发程序。在追逐赛中,第一项的第 1 名首先出发,第 2 名为第二个出发,依此类推。出发的间隔时间按运动员之间的第一天成绩的时间差计算(1/10 秒不算)。越野滑雪追逐赛的冠军是第一个通过终点线者,第 2 名是第二个通过者,依次类推。

2. 计时

(1)国际滑雪运动的比赛都应使用电子计时,辅以人工计时。时间以 1/10 秒计算,1/100 秒的时间不计算、不公布。

(2)10 千米线路必须设置 1 次中途计时,15 千米设 2 次,30 千米设 2~3 次,50 千米至少设 3 次。

3. 终点

使用人工计时的条件下,当运动员的前脚通过终点线时计时;使用电子计时的条件下,当光束被切断时计时。测量光点或摄像机镜头需安装在距雪面 25 厘米处。

越野滑雪接力赛:

(1)越野滑雪接力赛的分组应建立在对团体时间的计算之上。团体时间的计算是通过综合团队每个成员从相似距离个人技术赛到接力赛单棒(如 1 千米越野滑雪接力)的初步成绩计算出来的。团队成员没有参加相似距离封单棒接力的比赛,必须参加并完成个人技术赛的初赛。

(2)竞赛官员可每分钟进行一次接力赛分组。

(3)如果参加 4×1 千米越野滑雪接力赛的队伍超过 10 队,竞赛的组织者应该考虑把场地分成两块进行比赛,以减少和控制接力区和线路的堵塞。

(4)在比赛中,一个团队没有恰当地执行接力,接力区的裁判应立即通知运动员,之后是否决定重新接力是运动员的责任。

二、越野滑雪的装备

越野滑雪运动对器材的要求比较高,主要器材有滑雪板、滑雪板固定器、滑雪鞋和滑雪杖等。

(一)滑雪板

滑雪板由前、中、后三部分组成,前部较宽、中部较窄、后部宽窄适度,侧面形成很大的弧度,便于转弯(图 9-9)。

图 9-9

1. 滑雪板的选择

滑雪板长度应为滑雪者身高减去 5～15 厘米。滑雪者要选择适合自己身体条件和技术特点的滑雪板,选择原则如下:初学者一般选择硬度低、转弯半径小的滑雪板;有经验者一般选择弹性好、硬度大、转弯半径大的滑雪板。

2. 滑雪板固定器

滑雪板固定器由金属材料制成,固定在滑雪板上。前、后两部分用于固定滑雪鞋,并调整松紧度;中部有止滑器,可防止滑雪板在山坡上自行溜滑。在滑雪者摔倒或受到较大冲击力的时候,滑雪鞋与滑雪板可自动分离,保护滑雪者腿部不受伤害。

第九章 雪上大众健身活动实践挖掘

(二)滑雪鞋

滑雪鞋的鞋腰较高,有内外两层。外层与鞋底由塑料或 ABS 材质等坚硬材料制成,具有较好的防水性和抗碰撞性;内层由化纤组织和松软材料制成,具有保暖、缓冲的作用。鞋面上镶有一个或多个夹子,用于调整鞋的肥瘦和前倾角度。

(三)滑雪杖

滑雪杖由轻铝合金材料制成,上粗下细。滑雪杖上装有雪轮,既可在滑行中给滑雪者一个稳定的支点,又可防止滑雪杖过深地插入雪中(图 9-10)。

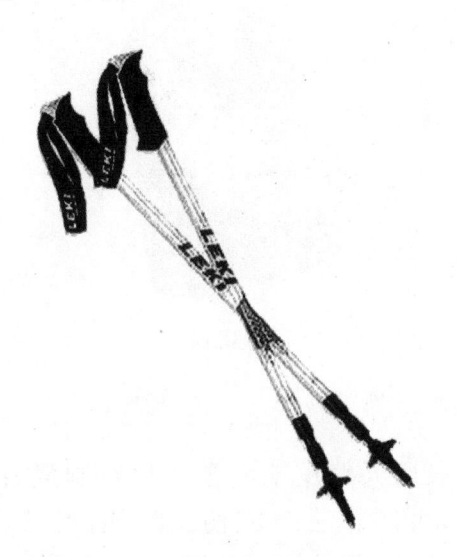

图 9-10

滑雪杖一般长 90～125 厘米。选择滑雪杖时,从雪轮起算,最长不得超过肩部,最短不得低于肋下,一般应与手臂下垂后肘部距地面的高度相当,这样既易于手握,又可防止滑雪杖脱落。

服装滑雪的装备一般包括滑雪服、滑雪手套、滑雪帽、滑雪镜和滑雪内衣等。

(四)滑雪服装

1. 滑雪服

滑雪服应质轻、保暖、防风雪、舒适上身。上装要宽松,衣袖的长度应以向上伸直手臂后,略长于手腕部为宜,袖口应有缩口并可调整松紧,领口应为直立的高领开口,以防止冷空气进入(图 9-11);裤长应以蹲下后裤脚达到脚踝部为宜。

图 9-11

2. 滑雪手套

滑雪手套一般用天然皮革或合成材料制成,内层为保暖性较好的不透水面料,可防止手被冻伤。此外,滑雪者应选择五指分开的手套,以方便持握滑雪杖以及用手整理滑雪器材。

3. 滑雪帽

由于滑行中冷风对眼睛的刺激性很大,而且雪地对阳光的反射很强,所以滑雪者需要佩戴滑雪镜来保护眼睛。

4. 滑雪内衣

专业的滑雪内衣是由化纤面料制成的,具有良好的延展性和

第九章　雪上大众健身活动实践挖掘

透气性。如果穿着棉质内衣,须及时更换,以免出汗后身体又潮又冷。所以可以贴身穿一件带网眼的尼龙背心,然后在外面套上一件弹力棉背心,这样身体排出的汗液会透过尼龙背心吸附在弹力背心上,不会产生寒冷的感觉。专业的滑雪内衣由化纤面料制成,贴身,有延展性,关键是透气,让汗水分子透出。如果经济条件允许,可以选一件由丝普纶材料制成的内衣,这是国际上一种先进的材料,它的内层有一层单项芯吸效应的化纤材料,本身不吸水,外层是棉织品,可将汗液吸附在棉织品上。

5. 滑雪袜

滑雪时应穿专用长袜。这是因为滑雪靴筒较高,穿普通短袜,皮肤会与雪鞋内靴直接接触,容易摩擦导致肿痛。如果没有专用袜,也可以穿一般的长筒运动袜。

三、越野滑雪自由技术

20世纪80年代以前,越野滑雪运动员采用的都是较为传统的滑雪技术。20世纪80年代开始往后,芬兰运动员西多宁首次在世界滑雪锦标赛中创造性地使用了与速度滑冰技术相类似的"蹬冰式"滑法,凭借这一开创性的技术,他也取得了优异的成绩,此后,这种技术就广为传播,越野滑雪技术得到了突飞猛进的发展。正是基于技术的进行,使得国际雪联于1988年将越野滑雪运动从第15届冬奥会上开始分为"传统技术项目"(Classical Techniqe)和"自由技术项目"(Free Techniqe)比赛。

这里我们对越野滑雪自由技术进行探讨。

(一)转弯滑行

(1)身体首先向弯道一侧的圆心倾倒。
(2)内侧板沿弯道的切线方向滑进,其过程中不断变换方向以严格沿着这条切线滑行。

(3)外侧板应按弯道的法线方向向外侧蹬动,蹬动的频率越快,滑行的速度也就越快。其过程中要时刻与内侧板的动作相协调。

(二)两步一撑蹬冰式滑行

两步一撑蹬冰式滑行技术主要用在平地和缓坡地形上。这一技术相对容易掌握,并且有着较强的节奏感。

(1)右板利用内刃蹬动向前滑进,身体重心移到左侧板上,同时两侧杖推撑,左侧推撑力大于右侧。

(2)这种滑行方法在做了几次后转换到另一侧继续做。

(三)一步一撑蹬冰式滑行

一步一撑蹬冰式滑行技术主要用在平地和缓坡地形上,并且在短距离加速时也是一种好方法。

(1)双杖推撑的同时右脚蹬动并移重心至左板。

(2)当左脚支撑身体做向前滑进的过程中,右脚蹬动后向左板靠拢。

(3)自由滑进的左脚再蹬动,同时开始撑杖。

(四)蹬冰式滑行

如果面对的是平地或坡度较缓的地形,且滑行速度达到7.5～8米/秒以上时,则两腿可以按照速度滑冰的方法蹬动与滑进,尽管手中有杖但也可以不使用,其过程中可将雪杖夹在腋下而不摆动。

(1)一腿蹬动后,身体重心必须移到滑行腿板上。为减少空气阻力,上体应放松前倾成弧形。

(2)膝关节尽量弯曲,小腿与地面夹角以 70°～80°为宜。

(3)蹬动方向应与雪板纵轴垂直,出板角度应尽量缩小。

(五)单蹬式滑行

单蹬式滑行在平地或缓坡滑行时被经常采用。

(1)右腿雪板内刃向侧蹬动,同时两杖向后推撑。
(2)蹬动结束后,重心移向左侧板,双杖同时前摆。
(3)左板向前滑进一段距离后,重心转向右倾,右板着地后即开始准备下一次的蹬动,两杖前摆插地。
(4)右脚准备蹬动,两杖插入板尖两侧。

(六)登坡滑行

1. 两步一撑蹬冰式滑行登坡

两步一撑蹬冰式滑行登坡在上坡滑行中被经常采用,并且可以运用在任何角度的坡面上。
(1)上坡时稳定步频。
(2)滑行板侧用力较大。插杖也不对称。
(3)随着坡度的增大,两步一撑中的第一步更多起到的是过渡作用,因此不需要太长的滑行距离。

2. 交替蹬撑滑行登坡

(1)交替蹬撑滑行蹬坡的技术基本与"两步交替滑行"一样,不同点在于两脚的蹬动与滑行方向不同。
(2)交替蹬撑滑行的动作要随着坡度变化改变动作节奏和每步的滑行距离。如果是滑行条件理想的平地,则可以适当加长每步的滑行距离。

(七)滑降与转弯滑行

越野滑雪自由技术中的滑降与转弯滑行的技术与传统技术方法相同。但因越野滑雪板的宽度不同,且雪鞋后跟部也不固定在板上,所以当速度较快时这项技术非常不容易控制,很容易因为失去平衡而摔倒。因此,越野滑雪自由技术中的滑降与转弯滑行需要首先将速度降到可控范围内,这是这项技术的关键。

参考文献

[1]杨毛元,易雪虎,张建池.大众健身理论与实践研究[M].长春:吉林大学出版社,2015.

[2]张彤,胡旭东,徐林江.大众健身科学实践与发展研究[M].北京:中国原子能出版社,2015.

[3]刘胜,张先松,贾鹏.健身原理与方法[M].武汉:中国地质大学出版社,2010.

[4]孟宪君.大众流行健身项目理论与实践[M].北京:高等教育出版社,2006.

[5]高东方.大众健身运动指南[M].沈阳:东北大学出版社,2014.

[6]苏美华.大众健身与康复训练指导[M].北京:中国纺织出版社,2018.

[7]王琳.运动医务监督[M].北京:北京体育大学出版社,2010.

[8]孙树勋.全民健身理念与科学运动指南[M].北京:地质出版社,2016.

[9]田敬东,周海瑞.大众健身运动[M].沈阳:白山出版社,2014.

[10]徐翠丽.有氧健身操在全民健身活动中的开展现状与对策研究[J].安阳工学院学报,2012,9(6):99-102.

[11]王丽花.有氧健身操在农村的开展现状及影响因素分析[J].社会体育学,2015(19):141-142.

[12]邢金善,续俊,田颖.时尚健身理论与运动方法[M].哈

尔滨:东北林业大学出版社,2008.

[13]王莉.健美操运动健身与训练[M].长春:吉林大学出版社,2014.

[14]陈旸.社区体育服务[M].北京:北京师范大学出版社,2011.

[15]王凯珍,赵立.社区体育[M].北京:高等教育出版社,2008.

[16]李洪波.城市社区公共体育资源合理配置研究[M].济南:山东人民出版社,2015.

[17]王凯珍,李相如.社区体育指导[M].桂林:广西师范大学出版社,2005.

[18]范月梅,田振华.瑜伽在我国开展的现状及其规范[J].福建体育科技,2011,30(4):13-14.

[19]宋雯.瑜伽教学与实践[M].北京:北京体育大学出版社,2011.

[20]范京广.时尚健身瑜伽[M].北京:北京体育大学出版社,2010.

[21]邓跃宁,许军.休闲运动[M].成都:四川科学技术出版社,2011.

[22]夏翔鹰,仇乃民,王欣.新农村广场舞运动开展现状与对策研究——以江苏部分农村为例[J].湖北体育科技,2014,33(11):956-959.

[23]陶宏军.我国广场舞的发展现状与对策研究[J].长春师范大学学报(自然科学版),2014,33(3):110-112.

[24]赵金林.浅谈我国广场舞发展的现状和瓶颈[J].科技资讯,2015,13(12):229.

[25]朱志强.冰上运动[M].北京:人民体育出版社,2012.

[26]全国体育院校教材委员会审定.冰雪运动[M].北京:人民体育出版社,2004.

[27]王石安.雪上运动[M].北京:人民体育出版社,2011.